PEDAGOGIA DO COMPROMISSO

ORGANIZAÇÃO E NOTAS
ANA MARIA ARAÚJO FREIRE

PEDAGOGIA DO COMPROMISSO

AMÉRICA LATINA E
EDUCAÇÃO POPULAR

2ª edição

PAZ & TERRA
Rio de Janeiro
2021

Pedagogia do compromisso, Paulo Freire
Copyright © 2008 by Editora Villa das Letras
1ª edição Villa das Letras, 2008; 1ª edição Paz e Terra, 2018 (foram revistos os originais da edição de 2008, aos quais foram acrescidos dois novos capítulos).

Direitos de edição da obra em língua portuguesa no Brasil adquiridos pela EDITORA PAZ E TERRA. Todos os direitos reservados. Nenhuma parte desta obra pode ser apropriada e estocada em sistema de bancos de dados ou processo similar, em qualquer forma ou meio, seja eletrônico, de fotocópia, gravação etc., sem a permissão do detentor do copyright.

Capa: Victor Burton
Imagens de capa: Foto de Paulo Freire, acervo de Ana Maria Araújo Freire; assinatura digital de Paulo Freire.

EDITORA PAZ E TERRA LTDA.
Rua Argentina, 171, 3º andar – São Cristóvão Rio de Janeiro, RJ – 20921-380
http://www.record.com.br

Seja um leitor preferencial Record.
Cadastre-se e receba informações sobre nossos lançamentos e nossas promoções.

Atendimento e venda direta ao leitor:
sac@record.com.br

Texto revisado segundo o novo Acordo Ortográfico da Língua Portuguesa.

CIP-BRASIL. CATALOGAÇÃO NA PUBLICAÇÃO
SINDICATO NACIONAL DOS EDITORES DE LIVROS, RJ

P388
2ª ed.

Pedagogia do compromisso: América Latina e Educação Popular/organização Ana Maria Araújo Freire – 2ª ed. – Rio de Janeiro: Paz e Terra, 2021.
21 cm.

ISBN 978-85-7753-439-5

1. Freire, Paulo, 1921-1997. 2. Freire, Paulo, 1921-1997 – Entrevistas. 3. Educação popular. I. Freire, Ana Maria Araújo.

18-49401

CDD: 370
CDU: 37

Meri Gleice Rodrigues de Souza – Bibliotecária – CRB-7/6439

Impresso no Brasil
2021

Aos meus queridos amigos, que de Paulo me vieram, que tanto lutaram, *com* e como ele, com honradez, seriedade e amorosidade por uma verdadeira Educação Popular: Jesús Javier Gómez Alonso – Pato –, Vera e José Carlos Barreto e Carlos Núñez Hurtado, com meu reconhecimento e minhas saudades.

Nita
(Ana Maria Araújo Freire)

Sumário

Apresentação 9
Ana Maria Araújo Freire

Prefácio à edição de 2008 13
Pedro Pontual

Parte I – Argentina

1 Discurso 21
   Sinto-me feliz e desafiado 21
2 Seminários 25
   Prática da pedagogia crítica .. 25
   Elementos da situação educativa ... 34
   A luta não se acaba, se reinventa: Perguntas dos participantes ... 47
3 Entrevista 55
   A confrontação não é pedagógica e sim política ... 55

Parte II – Brasil

4 Seminário 67
   Educação Popular e processos de aprendizagem ... 67
5 Debates 75
   Educação Popular e processos de aprendizagem: Como estudar História ... 75

Reconhecer a incoerência, buscar a
coerência 93
Entrevista a Antonio Monclús 115

PARTE III – CHILE

6 Entrevistas a Boris Bezama 183
Sem medo de amar 183
Educar para a liberdade 187

PARTE IV – NICARÁGUA

7 Manifesto 193
Dez anos de Revolução Popular Sandinista 193

PARTE V – PARAGUAI

8 Seminário 199
Educação Popular na América Latina:
Contextualização e possibilidades nos
processos de transição 199
9 Debate 213
Consultas I: Primeira rodada de perguntas 213
Consultas II 224
Educação Popular no Paraguai: Nossas
perguntas a Freire 232

PARTE VI – URUGUAI

10 Entrevistas 263
Sobre educação, política e religião:
Entrevista a Néber Araújo e
Graziano Pascale 263
Sobre educação, televisão e
mudança social: Entrevista a Sonia Breccia 272

Apresentação

Quando o meu grande amigo Roberto Iglesias – e, mais ainda, querido e admirado amigo de Paulo – me propôs organizar um livro com os trabalhos que marcaram a presença de meu marido em San Luis nas solenidades da outorga de seu doutoramento *honoris causa* e nas que se sucederam a esta, respondi a ele com convicção e alegria: sim!

Tato Iglesias – como é conhecido este homem de amorosidade e cumplicidade, assim como Paulo, com relação aos explorados e oprimidos – convidou, então, seus pares da Universidad de San Luis, na Argentina, onde é professor, a publicarem juntos o registro desse momento. Surgiu assim o livro *El grito manso*,* em 2003.

O livro é pequeno em seu tamanho, mas denso e sério como merece ser uma obra de, e em torno de, Paulo Freire e organizada pelo criador da Universidad Trashumante, que tem como objetivo levar a palavra certa, o compromisso da mudança social e a ajuda libertadora aos oprimidos e oprimidas da Argentina.

Nos últimos anos alguns brasileiros e brasileiras que tinham conhecido esta obra na língua espanhola começaram a me perguntar: "Por que não o traduz para o português?". Passei, então, a perguntar-me esta mesma pergunta. Daí, decidi que seria importante fazer conhecidos pelos leitores e

---
* FREIRE, Paulo. *El grito manso*. Buenos Aires: Siglo XXI Editores, 2003.

leitoras do Brasil os textos de Paulo, e somente estes, contidos em *El grito manso*.

Abriu-se assim o momento que eu esperava: publicar uma obra de Paulo louvando a sua, a nossa latino-americanidade, que, se já é reconhecida por muitos de nós, ainda falta bastante para que tenha uma compreensão mais crítica dessa nossa natureza histórica, cultural e política comum e da necessidade do reconhecimento disso, por nós, brasileiros e brasileiras, para uma aliança mais forte de solidariedade, de cumplicidade e de tolerância entre as diversas culturas das nações que formam a América Latina. Negando a unidade latino-americana, perdemos a possibilidade de viver e nos enriquecer na interculturalidade existente nela.

A atual edição da Paz e Terra, depois de uma primeira edição da Editora Villa das Letras, alargou-se. Expandiu-se na abrangência geográfica. Agora são trabalhos feitos por Paulo no Brasil, Chile, Paraguai e Uruguai, além daqueles na Argentina (que ocasionaram o *El grito manso*), e mais um trabalho escrito especialmente para o povo da Nicarágua todos enfatizando um dos temas mais gratificantes a ele e que despertam em todos e todas nós, educadores e educadoras progressistas, uma preocupação tanto política quanto pedagógica: a Educação Popular. Os dois trabalhos do Brasil são seminários de debates realizados no Instituto Cajamar, em São Paulo, nos anos de 1987 e 1988, nos áureos tempos de formação sindical/profissional, com parceiros brasileiros e latino-americanos (Pedro Pontual, Carlos Núñez Hurtado, Oscar Jara, entre outros) que se dedicam ao estudo, ao debate e a ações de militância de Educação Popular.

A presença de Paulo no Chile, a única desde o bárbaro e sangrento golpe de Estado liderado pelo ditador Augusto

Pinochet (1973-1990) contra o povo chileno, se deve a inúmeros convites de organizações e instituições diversas das quais destaco o Centro El Canelo de Nos, um centro de Educação Popular, onde ocorreram as entrevistas publicadas neste livro.

O convite para Paulo ir ao Paraguai e a organização dos seminários neste país foram do Colectivo CEAAL-Py (Conselho de Educação de Adultos da América Latina – Paraguai), Redicoop (Confederação de Cooperativas do Caribe e América Central) e Decidamos (Campanha pela Expressão cidadã), ONG criada dias depois do golpe de Estado que derrocou a ditadura do General Alfredo Stroessner (1954-1989).

A ida de Paulo ao Uruguai foi uma iniciativa do CIDC (Centro de Investigaciones y Desarrollo Cultural), durante os festejos de seus 15 anos de funcionamento. Os trabalhos aqui publicados foram transcritos do livro – feito no Uruguai para essa comemoração – *Paulo Freire: conversando con educadores*.

Nos dez anos da Revolução Sandinista, Paulo escreveu um manifesto com este título, que consta neste livro, em homenagem ao povo nicaraguense. O nome vem do guerrilheiro Augusto César Sandino (1895-1934), líder da rebelião contra a presença militar norte-americana na Nicarágua entre 1927 e 1933, executado pelo presidente Anastasio Somoza, que tomou o poder e foi ditador por mais de quarenta anos. Sandino é um herói em grande parte da América Latina. Somoza foi deposto pela FSLN (Frente Sandinista de Libertação Nacional), em 1979.

Alguns temas tratados por Paulo Freire aparecem mais de uma vez, pois eles foram falados em espaços e tempos diferentes, têm especificidades próprias, por isso não podem ser consideradas repetições. Guardam assim autonomia entre si, foram pronunciados sob ângulos diferentes de abordagem.

Fiz questão de guardar neste livro a linguagem coloquial, pois todos esses textos, com exceção do elaborado para a Nicarágua, escrito de próprio punho, têm como origem entrevistas faladas, discursos e conferências feitos de improviso por meu marido nos países citados da América Latina. Assim, mantendo-me fiel a ele, à sua peculiar forma de falar em público, entrego aos seus e suas leitoras, sobretudo aos e às dos movimentos sociais que se preocupam e praticam a Educação Popular, um livro ágil, leve e fácil de ser lido, mas com profundas reflexões e indubitável compromisso ético para com os destituídos, explorados e oprimidos latino-americanos.

A *Pedagogia do compromisso: América Latina e Educação Popular* é isso. Essa é sua história. Lastimo não ter sido possível incluir um número maior de textos de Paulo falados e relacionados com mais outros países da América Latina, simplesmente porque não os tenho.

Nita
(Ana Maria Araújo Freire)

São Paulo, 27 de março de 2018.

Prefácio à edição de 2008

A EDIÇÃO DE *PEDAGOGIA DO COMPROMISSO: América Latina e Educação Popular* coincide com a realização, em toda a América Latina e em outras partes do mundo, de inúmeros eventos e seminários que celebram os dez anos de ausência/presença de Paulo Freire e da atualidade do seu pensamento. A grande participação nessas iniciativas de educadores e educadoras das mais diversas gerações demonstra que a sua ausência do nosso convívio não diminui a força da presença de suas ideias e do testemunho de coerência que marcou sua prática como educador e como ser humano.

Esta coletânea de textos, que apresenta, de modo muito vivo, diversos diálogos de Freire em suas andanças pela América Latina (neste caso, sobretudo pelos países do Cone Sul), mostra uma das características essenciais do seu discurso, que é ao mesmo tempo contextualizado historicamente e carregado de significados que transcendem o momento em que foi pronunciado. Nos textos que compõe este livro datados do final dos anos 1980 e início dos anos 1990, Freire posiciona-se claramente em relação às perversidades do pensamento neoliberal e às causas da derrocada das experiências socialistas do Leste Europeu e, ao mesmo tempo, reafirma suas convicções nada ingênuas em relação à politicidade da educação, ao seu sentido ético e estético e ao significado da esperança como motor da prática de educadores(as) progressistas.

Os momentos aqui resgatados mostram também a facilidade com que Freire transitava em meio aos mais diferentes tipos de públicos com uma forte disposição de diálogo e com grande capacidade de combinar rigorosidade metódica com afetividade por seus interlocutores. Tive a oportunidade de me reunir posteriormente com diversos destes grupos, e me chamou a atenção que o relato dos participantes destes diálogos com Freire sempre evocava não apenas a força das suas ideias, mas a exemplaridade da sua disposição ao diálogo e a afetividade no relacionamento humano com os participantes.

Tomando como referência o contexto vivido pelos países do Cone Sul no início dos anos 1990, marcados, de um lado, por processos de redemocratização limitados após longos períodos de ditaduras militares e, por outro, pela hegemonia das políticas e do pensamento neoliberal, o discurso de Freire faz a denúncia do caráter imobilista e fatalista de tal pensamento e também anuncia a necessidade de reafirmar o sentido político da educação, de reviver a esperança na possibilidade de mudança de tal ordem e de enfatizar o compromisso da educação com os processos de radicalização da democracia e constituição de uma cidadania ativa em nossas sociedades.

Em suas intervenções, Freire também demonstra distanciamento em relação às experiências socialistas do Leste Europeu, sobretudo pela condução autoritária e burocratizante que as caracterizou e pelo dogmatismo que marcou algumas das formulações de seus dirigentes. Mas ao mesmo tempo reafirma sua convicção no sonho possível de construção de um socialismo democrático como possibilidade histórica em nossas sociedades. A afirmação de suas convicções políticas sempre se fez com profundo respeito pelos adversários e pelo direito à diferença e numa recorrente crítica ao sectarismo.

Neste contexto, pode-se compreender a forte identidade e influência exercida por Paulo Freire no terreno das práticas da Educação Popular em toda a América Latina, que desde os princípios dos anos 1960 do século passado foram se constituindo em significativo movimento de educação e cultura que vem contribuindo para alargar os processos de redemocratização no continente na direção de sociedades mais justas e equitativas e fortalecendo o protagonismo dos setores populares através de seus sujeitos coletivos, com especial destaque para os movimentos sociais.

A criação da rede CEAAL (Conselho de Educação de Adultos da América Latina), em princípios dos anos 1980, que teve Paulo Freire como seu primeiro presidente e que conta hoje com aproximadamente duzentas ONGs afiliadas em 21 países do continente, é um dos espaços latino-americanos em que as proposições de Freire continuam sendo até hoje uma referência fundamental no esforço de reinventar as práticas de Educação Popular e seus paradigmas à luz dos novos desafios deste início de novo milênio.

Uma das contribuições mais importantes de Paulo Freire e da corrente da Educação Popular, que nele teve suas inspirações fundamentais, foi a de desenvolver uma visão do fenômeno educativo num espaço mais abrangente que o da escola, sem nunca recusar sua importância como instituição educativa. As reflexões de Freire sobre as práticas educativas no interior dos movimentos sociais, das diversas formas de sociabilidade e convivência dos grupos populares, na ação dos partidos políticos, nas práticas dos governos, nas distintas manifestações da cultura popular têm dado inegável consistência à necessidade de pensar o educativo num âmbito mais abrangente que o da escola.

Vale observar, no entanto, que Paulo Freire não atribuía nenhum juízo de valor ou peso hierárquico de maior relevância àquelas práticas educativas que ocorrem para além da escola. Ao contrário, há uma forte preocupação em seus escritos em não cindir a prática educativa na reflexão sobre a Educação Popular e, assim, não cair nas armadilhas daquelas definições que identificaram Educação Popular com o "não formal", ou como prática "paraescolar" ou como propositora de uma "sociedade sem escolas". O discurso de Freire, sempre dirigido aos educadores e educadoras que atuam tanto na escola como em outros âmbitos da prática social, colocam-nos frente à necessidade de compreender a Educação Popular como um conjunto de práticas e formulações que permeiam diferentes âmbitos das relações sociais, sem deixar de reconhecer a especificidade das diversas práticas e dos distintos espaços onde elas se desenvolvem. A referência constante à sua marcante passagem pela Secretaria Municipal de Educação da cidade de São Paulo na gestão da prefeita Luiza Erundina (PT, 1989-1992) mostra os compromissos e desafios daquela experiência que teve como plataforma pedagógica o enunciado: "Construindo uma educação pública, democrática e popular." O crescimento do atual movimento das Cidades Educadoras, ao reivindicar que todos os espaços e equipamentos urbanos tornem-se espaços educativos, é, hoje, uma das expressões dessa compreensão alargada da prática educativa.

Neste momento de importante virada democrática na América Latina e em que diversos atores da sociedade civil discutem a necessidade de um processo de integração que supere os estritos limites dos mercados e incorpore fortemente novas práticas de cidadania, de democracia e de sustentabilidade, a Educação Popular está novamente desafiada a exercer seu protagonismo na construção dessas novas possibilidades históricas de mudança. E, sem dúvida, as proposições de Freire nos ajudam muito a construir matrizes integradoras de novas práticas da Educação Popular que respondam aos desafios dos novos ventos que sopram, sobretudo neste Cone Sul do nosso continente.

Mais do que nunca, é necessária uma *pedagogia do compromisso* como concretização da esperança transformadora que anima as práticas de Educação Popular que partem de uma *indignação* diante de desastrosas consequências do projeto neoliberal e afirmam a possibilidade da *construção de sonhos possíveis* de sociedades mais justas, com equidade, substantivamente democráticas e sustentáveis.

Pedro Pontual
Setembro de 2007.

PARTE I

Argentina

1

Discurso

Sinto-me feliz e desafiado*

Minhas primeiras palavras, cheias de gratidão, vão dirigidas a Nélida Esther Picco, a reitora da universidade, a Germán Arias, decano da Faculdade de Ciências Humanas, e sobretudo ao professor Tato (Roberto Iglesias), a quem aprendi a querer bem há muitos anos, desde sua estada em São Paulo, quando nos víamos quase todos os dias, conversávamos e trabalhávamos juntos. Desde então, foi sempre uma alegria, para mim, ter notícias suas, que me estimulavam por sua persistência e sua vontade. Juntamo-nos no sonho de mudar o mundo.

Antes de tudo, eu gostaria de pedir desculpas porque já faz algum tempo que não falo meu *portunhol* e estou tendo um pouco de dificuldade para reencontrar o exercício de uma língua que não é a minha. Alguns pensam que espanhol é português mal falado, ou que o português é o espanhol mal falado, porém não é não, são línguas diferentes. Convenci-me disso no Chile, quando meu filho menor, depois de me haver visto dando uma aula, me disse: "Puxa, papai, como você continua falando mal o espanhol." E estava certo. Porém

---

* Discurso proferido na Universidad Nacional de San Luis (Argentina), em agradecimento pela entrega do título de Doutor *honoris causa*, em 16 de agosto de 1996.

agora, pouco a pouco, estou retomando a minha experiência de falar em *portunhol*.

Como agradecer a vocês, que se reuniram aqui para este momento de festa, de carinho, de homenagem? Uma possibilidade, que descarto de antemão, seria de aproveitar este encontro fraternal para infligir-lhes uma palestra acadêmica. Pegar o microfone e falar uma hora e meia sobre os valores da educação. Seria horrível, ainda que as aulas acadêmicas sejam necessárias, fundamentais. Se não fosse pelas conversas acadêmicas, não estaríamos aqui.

Minha posição não é de rechaçar a academia, porque de alguma maneira somos acadêmicos. O que não somos é academicistas. Todas as coisas têm seu tempo, sua oportunidade e creio que este não é o momento para uma aula acadêmica, ainda que seja, esta nossa conversa, uma conversa séria, como foram sérias as conversas que ouvimos anteriormente. Outra possibilidade seria pegar o microfone, dizer "Muito obrigado, estou encantado" e ir-me embora.

Isso, além de má educação, seria uma atitude agressiva, pretensiosa e arrogante, que obviamente também rechaço. De maneira que vou preferir dizer algumas palavras de agradecimento, de reconhecimento, do que significa para mim e para Nita uma festa como esta: um desafio enquanto responsabilidade.

E dizer-lhes também que fatos como este me enchem de alegria. Eu gosto disso. Para que uma pessoa diga que se sente mal com festas como esta é preciso que esteja doente, ou que seja mentirosa. Sempre digo que me sinto uma pessoa imensamente carente e creio que uma das minhas melhores virtudes é este sentimento de carência, da necessidade do outro e da outra. Jamais me senti bastando-me a mim mesmo. Necessito de outros. E é, talvez, por isso, que posso entender que os outros também necessitem de mim. Esta festa, esta quantidade de gente, as palavras que escutei, tudo isto não me dá direito à arrogância. Ao contrário, sinto-me contente e feliz. Diria ainda: que venham outros doutoramentos!

Digo isto com simplicidade e sem vergonha porque me sinto desafiado. Quanto mais homenagens como esta eu receba, mais sinto o dever de ser responsável. O doutoramento *honoris causa* não se dá a qualquer um. Dá-se por algo. É necessário saber se ele se justifica do ponto de vista do respeito à verdade, à História, à ciência, do ponto de vista ético. Em um mundo que nos resta pouca vergonha, é preciso saber se a universidade que outorga um doutoramento não está cometendo um erro.

Estou convencido de que esta universidade não está cometendo um erro ao me homenagear. E digo isso porque tenho horror à falsa modéstia. Para mim, a falsa modéstia é pior que a imodéstia. Quando eu era jovem, escutava um orador que começava dizendo: "Não deveria ser eu a receber este prêmio, mas sim alguém mais competente que eu." Sempre me perguntava, por que então ele não se vai? Por que aceitou vir? Entendo esta festa como um chamado à responsabilidade. Da mesma maneira que a universidade reconhece hoje o que venho dizendo e fazendo por muitos anos, da mesma maneira pode retirar simbolicamente o doutoramento no dia de amanhã se eu trair o meu passado, meu presente e me desmentir. Eu procuro forças mais no reconhecimento que me dá a universidade do que em mim mesmo. Busco em vocês a força que necessito para não trair os princípios que levaram a Universidade de San Luis a me homenagear.

Quando digo "bem-vindos os doutoramentos", digo porque quantos mais doutoramentos eu tenha, tanto mais humildemente responsável me sentirei. Por tudo isso, lhes agradeço. Apreciei muito a referência que fizeram à *Pedagogia da esperança*.*

Estou com 75 anos, com alguma dificuldade do ponto de vista do corpo. Estou atravessando uma espécie de separação da mente e do corpo, como se a minha mente tivesse 25 anos, quando sei que o meu corpo tem 75, e sabendo por antecipação que o corpo não poderá acompanhar a mente. Vocês não sabem o que significa ter vontade de fazer algo e não ter os recursos para fazê-lo. Por exemplo, trabalhar de noite: já quase não posso fazê-lo.

Para concluir, quero dizer-lhes que, como educador político, como homem que pensa a prática educativa, sigo profundamente esperançoso. Rechaço o imobilismo, a apatia, o silêncio. Digo em meu último livro, a *Pedagogia da autonomia*,** que não estou esperançoso por capricho, mas sim por condicionamento ditado pela minha natureza humana. Não é possível viver plenamente como ser humano sem esperança. Conservem a esperança!

Muito obrigado!

---

* FREIRE, Paulo. *Pedagogia da esperança*. 12 ed. São Paulo: Paz e Terra, 2005. [Prefácio de Leonardo Boff, notas de Ana Maria Araújo Freire.]
** FREIRE, Paulo. *Pedagogia da autonomia*. 36 ed. São Paulo: Paz e Terra, 2007. [Edição comemorativa da publicação de 1 milhão de exemplares.]

2

Seminários

Prática da pedagogia crítica*

Antes de tudo, quero agradecer esta demonstração de afeto, de gente que veio de longe, viajando horas, mesmo sabendo que o tempo que temos à disposição seria escasso. A segunda coisa que quero agradecer é o silêncio. Isso me ajuda para poder falar.

Nesta tarde, vamos tratar o tema da "prática educativa", de como viemos compreendendo ou tentando compreender esta prática como nosso compromisso com a vida e o mundo.

Antes de tudo, não é possível exercer a tarefa educativa sem nos perguntarmos, como educadores e educadoras, qual é nossa concepção do homem e da mulher. Toda prática educativa implica na indagação: que penso de mim mesmo e dos outros? Faz tempo, em *Pedagogia do oprimido*, analisei o que ali denominava a busca do Ser Mais. Nesse livro, defini o homem e a mulher como seres históricos que se fazem e se refazem socialmente. E a experiência social a que em última instância nos faz, que nos constitui, como estamos sendo. Eu gostaria de insistir neste ponto: os homens e as mulheres, enquanto

---

* Encontro realizado em 17 de agosto de 1996 no Estádio Desportivo de San Luis, com a presença de 3.500 pessoas – educadores e educadoras vindos das cidades vizinhas, que se agruparam aos e às habitantes de San Luis.

seres históricos, são seres incompletos, inacabados ou inconclusos. A inconclusão do ser não é, por outro lado, apenas a da espécie humana. Abarca também a cada espécie vital. O mundo da vida é um mundo permanentemente interminado, em movimento. Entretanto, em determinado momento de nossa experiência histórica, nós, mulheres e homens, conseguimos fazer de nossa existência algo mais que meramente viver. Em certo sentido, os homens e as mulheres inventam o que chamamos de existência humana: nos pusemos de pé, liberamos as mãos e a liberação das mãos é, em grande parte, responsável pelo que somos.

A invenção de nós mesmos como homens e mulheres foi possível graças ao fato de que liberamos nossas mãos para usá-las em outras coisas. Não temos data desse evento que se perde no fundo da História. Fizemos essa coisa maravilhosa que foi a invenção da sociedade e a produção da linguagem. E foi aí, nesse preciso momento, no meio desse e outros "saltos" que demos, que nós, mulheres e homens, alcançamos esse momento formidável que foi compreender que somos interminados, inconclusos, incompletos.

As árvores e os outros animais também são incompletos, porém não se sabem incompletos. Os seres humanos ganham com isto: sabemos que somos inacabados. E é precisamente aí, nesta forma radical da experiência humana, que reside a possibilidade da educação. A consciência da nossa incompletude criou o que chamamos de "educabilidade do ser". A educação é então uma especificidade humana.

Esse inacabamento consciente de si mesmo é o que nos vai permitir perceber o *não-eu*. O mundo é o primeiro *não-eu*. Você, por exemplo, é um *não-eu* de mim. É a presença do mundo natural como *não-eu* que vai atuar como um estímulo para desenvolver o *eu*. E nesse sentido, é a consciência do mundo que cria a minha consciência. Conheço o diferente de mim e nesse ato me reconheço. Obviamente, as relações que começaram a estabelecer-se entre o *nós* e a *realidade objetiva* abriram uma série de interrogações, e essas interrogações levaram a uma busca, a um intento de compreender o mundo e compreender nossa posição nele. É nesse sentido que uso a expressão *leitura de mundo* como precedente à *leitura da palavra*. Muitos séculos antes de saber ler e escrever, os homens e mulheres estiveram inteligindo o mundo, captando-o, compreendendo-o, lendo-o. Essa capacidade de captar a objetividade do mundo provém de uma característica da experiência vital que nós chamamos de "curiosidade".

Se não fosse pela curiosidade, por exemplo, não estaríamos aqui hoje. A curiosidade é, junto com a consciência da incompletude, o motor essencial do conhecimento. Se não fosse pela curiosidade não aprenderíamos. A curiosidade nos empurra, nos motiva, nos leva a desvelar a realidade através da ação. Curiosidade e ação se relacionam e produzem diferentes momentos ou níveis de curiosidade. O que procuro dizer é que em determinado momento, empurrados por sua própria curiosidade, o homem e a mulher em processo, em desenvolvimento, se reconhecem inacabados e a primeira consequência disso é que o ser que se sente inacabado entra em um processo permanente de busca. Eu sou inacabado, a árvore também é, porém eu sou mais inacabado que a árvore porque eu sei que sou. Como consequência quase inevitável de saber que sou inacabado, me insiro em um movimento constante de busca, não de busca pontual disto ou daquilo, mas sim de busca absoluta, que pode levar à busca de minha própria origem, que pode levar-me a uma busca do transcendental, a uma busca religiosa que é tão legítima como uma busca não religiosa. Se há algo que contraria a natureza do ser humano é a não-busca e, portanto, a imobilidade. Quando digo imobilidade, me refiro à imobilidade que há na mobilidade. Uma pessoa pode ser profundamente móvel e dinâmica ainda que esteja fisicamente imóvel ou parada. De maneira que, quando falo disto, não falo da mobilidade ou imobilidade física, falo da busca intelectual, de minha curiosidade em torno de algo, do fato de poder buscar, ainda que não encontre. Por exemplo, posso passar a vida em buscas que aparentemente não resultam em grandes coisas e, entretanto, o fato de eu estar em busca resulta fundamentalmente para minha natureza ser um pesquisador, estar em busca de algo.

Agora, não há busca sem esperança, e não há porque a condição do buscar humano é fazê-lo com esperança. Por esta razão sustento que os homens e as mulheres são esperançosos, não porque são obstinados, mas sim porque são seres que estão sempre em busca. Esta é a condição humana de buscar: fazer com esperança. A busca e a esperança formam parte da natureza humana. Buscar sem esperança seria uma enorme contradição. Por esta razão, a presença de vocês no mundo, a minha, é uma presença de quem anda e não de quem simplesmente está. E não é possível andar sem esperança de chegar. Por isso não é possível conceber um ser humano desesperançado. O que, sim, podemos conceber, são momentos de desesperança. Durante o processo de busca há momentos em que nos detemos e dizemos para nós mesmos: não há nada que fazer. Isto é compreensível, compreendo que se caia a essa posição. O que não compartilho é que se permaneça nessa posição. Seria como uma traição à nossa própria natureza esperançosa e inquietantemente buscadora.

Essas reflexões que estamos fazendo têm como objetivo marcar as questões essenciais de nossa prática educativa. Como posso educar sem estar envolvido na compreensão crítica de minha própria busca e sem respeitar a busca dos alunos e alunas? Isto tem que ver com a cotidianidade de nossa prática educativa como homens e mulheres. Sempre digo "homens e mulheres" porque aprendi já há muitos anos, trabalhando com mulheres, que dizer somente "homens" é imoral. O que é a ideologia! De menino, na escola, aprendi outra coisa: aprendi que quando se diz "homem" se inclui a mulher também. Aprendi que em gramática o masculino prevalece. Quer dizer que se todas as pessoas aqui reunidas fossem mulheres, porém se aparecesse um único homem, eu deveria dizer "todos" vocês e não "todas" vocês. Isto, que parece ser uma questão de gramática, obviamente não o é. É ideologia, e a mim me levou muito tempo para compreendê-lo. Já havia escrito a *Pedagogia do oprimido*. Leiam vocês as primeiras edições desse livro e verão que está escrita em linguagem machista. As mulheres norte-americanas me fizeram ver que eu havia sido deformado pela ideologia machista.

Voltando ao tema: é impossível, a não ser se cairmos na desesperação, deixar de buscar e, portanto, deixar de ter esperança. Dizia-lhes também que outra questão fundamental da prática educativa é a inconclusão, dado que é nessa inconclusão que o ser humano se torna educável. Todo educando, todo educador se descobre como ser curioso, como buscador, pesquisador, indagador, inconcluso, capaz, portanto, de captar e transmitir o sentido da realidade. E é nesse próprio processo de inteligibilidade da realidade que a comunicação do que foi inteligido se torna possível. Por exemplo, no momento mesmo que compreendo, que raciocino como funciona um microfone, vou poder comunicá-lo, explicá-lo. A compreensão implica na possibilidade de transmissão. Em linguagem mais acadêmica, diria: a inteligibilidade encerra em si mesma a comunicabilidade do objeto inteligido.

Uma das tarefas mais bonitas e gratificantes que nós temos como professores e professoras é ajudar os educandos e as educandas a constituir a inteligibilidade das coisas, ajudá-los e ajudá-las a aprender a compreender e a comunicar essa compreensão aos outros. Isso nos permite tentar uma teoria da inteligibilidade dos objetos. Isto não quer dizer que a tarefa seja fácil. O professor ou a professora não têm o direito de fazer um discurso incompreensível em nome da teoria acadêmica e depois dizer: "que se aguentem!". Porém tampouco têm que fazer concessões baratas. Sua tarefa não é fazer simplismo, porque o simplismo é falta de respeito para com os educandos. O professor simplista considera que os educandos nunca estarão à altura de compreendê-lo e então reduz a verdade a uma meia verdade, quer dizer, a uma falsa verdade. A obrigação de professores e professoras não é cair no simplismo – porque o simplismo oculta a verdade – senão ser simples. O que nós temos que fazer é ter uma simplicidade que não minimize a seriedade do objeto estudado, mas que o ressalte.

A simplicidade faz inteligível o mundo e a inteligibilidade do mundo traz consigo a possibilidade de comunicar essa mesma inteligibilidade. É graças a essa possibilidade que somos seres sociais, culturais, históricos e comunicativos. Por esta razão, a quebra da relação dialógica não é somente a quebra de um princípio democrático, mas sim também a quebra da própria natureza humana. Os professores e professoras democráticos intervêm no mundo através do cultivo da curiosidade e da inteligência esperançosa, que se desdobra na compreensão comunicante do mundo. E isso fazemos de diferentes maneiras. Intervimos no mundo através de nossa prática concreta, intervimos no mundo através da responsabilidade, através de uma intervenção estética, cada vez que somos capazes de expressar a beleza do mundo.

Quando os primeiros humanos desenharam nas rochas as figuras de animais, já intervinham esteticamente sobre o mundo, e como seguramente já tomavam decisões morais, também intervinham de maneira ética. Justamente na medida em que nos tornamos capazes de intervir, capazes de mudar o mundo, de transformá-lo, de fazê-lo mais belo ou mais feio, nos tornamos seres éticos. Até hoje, jamais se soube que, por exemplo, um grupo de leões africanos tivessem jogado bombas sobre cidades de leões asiáticos. Não temos sabido até hoje da existência de algum leão que tivesse matado com premeditação. Somos nós, os humanos, os que temos a possibilidade de assumir uma opção ética, os que fazemos essas coisas. Somos nós os que matamos e que assassinamos homens, como Mauricio López,* a quem conheci e cuja ausência eu sinto tanto e por quem tenho respeito, admiração e saudade. Não foram elefantes os que fizeram desaparecer Mauricio e tantos outros, foram homens deste país que atuaram provavelmente com a cumplicidade de alguma presença gringa. Somente os seres que alcançaram a possibilidade de ser éticos se tornam capazes de trair a ética.

---

* Mauricio Amílcar López foi o primeiro reitor da Universidad Nacional de San Luis. Três anos após a sua nomeação, foi expulso da universidade pelo regime militar argentino. Numa madrugada de 1977, nove homens armados e encapuzados entraram em sua casa, em Mendonza, e o sequestraram. López é um dos 30 mil desaparecidos políticos da ditadura da Argentina.

A tarefa fundamental de educadores e educadoras é viver eticamente, praticar a ética diariamente com as crianças e com os jovens. Isto é muito mais importante que o tema de Biologia, se somos professores de Biologia.

O importante é o testemunho que damos com nossa conduta. Inevitavelmente, cada classe, cada conduta é testemunho de uma maneira, ética ou não, de enfrentar a vida. Como trabalho em sala de aula? Como trabalho com meus alunos e alunas a questão da inconclusão, da curiosidade? Como trabalho o problema da esperança entremeada com a desesperança? Que faço? Cruzo os braços? Parto para uma espécie de luta cega, sem saída? Temos que educar através do exemplo, sem pensar por isso que vamos salvar o mundo. Que mal faria a mim mesmo e a vocês se pensasse, por exemplo, que vim ao mundo com a missão de salvá-los? Seria um desastre. Sou um homem igual a todos vocês e, como vocês, tenho uma tarefa a cumprir, e isso já é bastante. O mundo se salva se todos, em termos políticos, lutarmos para salvá-lo.

Há algo que está no ar, na Argentina, no Brasil, no mundo inteiro, que nos ameaça. Esse algo é a ideologia imobilizadora, fatalista, segundo a qual não temos mais nada que fazer, segundo a qual a realidade é imutável. Estou cansado de ouvir frases como esta: "É terrível, no Brasil, há trinta milhões de mulheres, homens e crianças morrendo de fome, porém o que vamos fazer?, a realidade é esta." Estou cansado de escutar que o desemprego que se estende pelo mundo é uma fatalidade do fim de século. Nem a fome, nem o desemprego são fatalidades, nem no Brasil, nem na Argentina, nem em parte nenhuma. Eu pergunto aos fatalistas, em um livro que estou escrevendo agora: por que será que a reforma agrária não é também uma fatalidade no Brasil? Já ouviram falar do mundo especulativo do dólar, milhões de dólares viajando diariamente pelos computadores do mundo de lugar em lugar procurando onde render mais? Isso, para eles, tampouco é uma fatalidade. É preciso, dizem os líderes neoliberais, disciplinar estes movimentos especulativos para evitar as crises. Parece que isto, sim, se pode fazer. Por que será que quando se veem afetados os interesses das classes dominantes não há fatalismo? Porém sempre aparece como fatalismo, como por arte de magia, cada vez que as classes populares são afetadas.

Um dos grandes desafios que temos que enfrentar hoje é essa confrontação com essa ideologia imobilista, a fatalista. Não há imobilismos na História. Sempre há algo que podemos fazer e refazer. Fala-se muito de globalização. Vocês devem ter visto que a globalização aparece como uma espécie de entidade abstrata que se criou a si mesma do nada e frente a qual nada podemos fazer. É a globalização, ponto final! Esta questão é bem diferente. A globalização somente representa um determinado momento de um processo de desenvolvimento da economia capitalista que chegou a este ponto mediante uma determinada orientação política que não é necessariamente a única.

Com o que disse até aqui, tratei de responder o tema de como vejo a prática docente frente à realidade histórica atual. Já lhes disse que não há prática docente sem curiosidade, sem incompletude, sem seres capazes de intervir na realidade, sem seres capazes de serem fazedores da História e ao mesmo tempo sendo feitos por ela.

Já lhes disse também que uma das tarefas fundamentais, tanto aqui como no Brasil e no mundo inteiro, é elaborar uma pedagogia crítica.* E se digo isso, não é como alguém que "já foi", se lhes digo isso, é como alguém que "está sendo". Igual a todas as pessoas eu também estou sendo, apesar da idade. Em função e em resposta à nossa própria condição humana, como seres conscientes, curiosos e críticos, a prática do educador, da educadora, consiste em lutar por uma pedagogia crítica que nos dê instrumentos para nos assumirmos como sujeitos da História. Prática que deverá basear-se na solidariedade. Talvez nunca como neste momento necessitamos tanto da significação e da prática da solidariedade.

Para terminar, reitero: sigo com a mesma esperança, com a mesma vontade de luta de quando comecei. Resisto à palavra *velho*. Não me sinto velho. Sinto ter sido útil, cheio de esperanças e de vontade de lutar.

Muito obrigado.

Elementos da situação educativa**

Agradeço a compreensão de vocês. Não é somente o trabalho, é a emoção, a emoção desgasta. Não é somente o encontro com vocês, é a memória. Não é somente pelo que fiz ontem, é pelo que fiz antes de ontem, o que fiz no mês passado, é a soma de meus dias que já me está cansando. Não é simples-

---

* Paulo Freire foi o criador dessa concepção de educação, que criou raízes nos Estados Unidos por meio de Donaldo Macedo, Henry Giroux, Peter McLaren e Stanley Aronovitch.
** Antes de começar o segundo dia do seminário, em 18 de agosto de 1996, Roberto Iglesias anunciou que Paulo Freire não estava muito bem, por isso falaria apenas por uma hora e em seguida se retiraria. Porém, Paulo acabou falando por quase três horas.

mente uma questão de apertar um botão e pôr a memória para funcionar...

Estou contente em perceber que vocês vêm me compreendendo. Se pudesse, hoje, eu ficaria o dia todo.

Agora, atendendo a uma sugestão de Roberto Iglesias, vou tentar dizer algumas coisas que provavelmente vocês já saibam, ou adivinhem, em torno do tema da educação e da formação docente.

Eu gostaria de iniciar com um exercício intelectual: o de pensar na situação que chamamos situação educativa. A situação educativa não é qualquer situação. Uma situação de almoço, por exemplo, pode ter em si alguns momentos educativos, porém não é necessariamente uma situação educativa. Poderíamos pensar em uma situação educativa em casa, na relação entre o pai, a mãe e os filhos. Porém prefiro pensar na relação educativa típica, entre as professoras e os alunos. Não importa em que escola seja, primária, secundária, universitária ou círculo de cultura. O que quero fazer é analisar e "descobrir" com vocês quais são os elementos constitutivos da situação educativa.

Imaginemos que estamos numa sala de aula, na qual estão a professora ou professor e os alunos. Qual é a tarefa da professora? Em palavras simples, diríamos que a tarefa da professora é ensinar, e a tarefa dos alunos é aprender.

Vemos então que o primeiro elemento constitutivo da situação educadora é a presença de um sujeito, o educador ou educadora, que tem uma determinada tarefa específica, que é a tarefa de educar. A situação educativa implica também na presença de educandos, de alunos, o segundo elemento da situação educadora.

O que mais descobrimos na prática dessa experiência? Em primeiro lugar, descobrimos que a presença do educador e dos educandos não se dá no ar. Educador e educandos se encontram em um determinado espaço. Esse espaço é o espaço pedagógico, espaço pelo qual os docentes muitas vezes não tomam a devida consideração. Se nós nos detivéssemos a analisar a importância do espaço pedagógico, passaríamos a manhã toda discutindo, por exemplo, sobre os impedimentos legais diante da falta de respeito dos poderes públicos com respeito a estes espaços. Ainda que haja diferenças entre espaços e espaços, em diferentes lugares, esta é quase uma tradição histórica na América Latina.

Quando, em 1989, fui convidado a assumir como responsável a educação pública da cidade de São Paulo, havia na rede municipal 675 escolas, cerca de 1 milhão de alunos e 35 mil professores. Sessenta por cento das 675 escolas estavam em franco processo de deterioração material. Muitas, na época da informática, sequer tinham giz. Em muitas escolas os banheiros eram absolutamente inutilizáveis. Era uma aventura entrar em um banheiro. Faltava merenda escolar, materiais...

As condições materiais do espaço podem ser ou não ser em si mesmas pedagógicas. Como pode a professora, por mais diligente que seja, por mais disciplinada e cuidadosa que seja, pedir aos alunos que não sujem a sala, não estraguem as cadeiras, não escrevam nas carteiras, quando o próprio governo, que deveria dar o exemplo, não respeita minimamente esses espaços? Quanto mais a direção da escola, a Secretaria de Educação, os diferentes centros de poder demonstrarem às crianças e às famílias o zelo e o cuidado pela escola, por reparar o teto e as paredes, por entregar giz e plantas e árvores, tanto mais essa demonstração de respeito educará as crianças.

Disseram-me, não sei se é verdade, que na Administração dos Metrôs de São Paulo há um setor encarregado de tirar de circulação, diariamente, os vagões danificados e os assentos quebrados. Esse setor tira o carro, o conserta e o devolve imediatamente, de maneira que os carros andem sempre limpos e inteiros. A correção dos danos inibe o destruidor dos assentos. Há uma relação indubitável entre as condições materiais e as nossas condições mentais, espirituais, éticas etc.

O terceiro elemento constitutivo da situação educativa é, então, o espaço pedagógico. E como não há espaço sem tempo, então o tempo pedagógico é outro elemento constitutivo da situação educativa. Lamentavelmente, nós, educadores e educadoras, poucas vezes nos perguntamos: "Que faço com meu tempo pedagógico, como posso aproveitá-lo mais eficazmente?" Quase nunca nos perguntamos: "A serviço de quem, de que coisa está o tempo educativo?" E se trata de perguntas fundamentais. Obviamente o tempo educativo está a serviço da produção do saber. E como não há produção do saber que não esteja diretamente ligada ou associada a ideais, a pergunta primeira que devemos fazer é: "A serviço de quem, de quais ideais produzimos, conjuntamente com os alunos, o saber dentro do tempo-espaço da escola?" E quando alguém se detém sobre este ponto descobre que o tempo-espaço pedagógico se usa, sobretudo, contra os interesses das crianças populares, ainda que não somente contra elas.

Vamos propor um exemplo de que as crianças cheguem à escola às 8h. Às 8h15 toca a campainha e as crianças entram em "fila militar". Alguns professores ou professoras ainda não chegaram. Lamentavelmente isso existe. Às 8h20 as crianças estão chegando à sala de aula. A professora faz a chamada de presença dos alunos e alunas, aí se vão mais dez minutos. São 8h30 e a professora – nesta caricatura que estou fazendo –, se está cansada não fará nada importante, pois está pensando que às 10h vão servir a merenda. A essa hora toca a campainha, e as crianças saem correndo, gritando e as professoras ficam na sala dos professores, e não vão observar seus alunos no recreio. Deixam de participar desse momento pedagógico riquíssimo que é o momento em que as crianças estão jogando fora seus medos, suas raivas, suas angústias, suas alegrias, suas tristezas e seus desejos. As crianças estão deixando sua alma lá fora no recreio, e as professoras, na sala dos professores, alheias a essa experiência humana essencial! Depois do recreio se toma o leite e aí se vão minimamente trinta minutos, sem contar outros tempos mortos. Quando chega o fim do dia, as crianças tiveram, no espaço pedagógico de quatro horas, duas horas e meia ou três horas de aula. Perderam no mínimo uma hora. Essa hora perdida é uma hora de aprendizagem que não houve. E o pior é que ninguém sequer discutiu essa perda de tempo para a produção do saber, porque se assim o fizéssemos, ao menos teríamos aprendido algo. Lamentavelmente, a jornada escolar entra na rotina cotidiana. Não se pensa sobre ela, simplesmente se vive. Esta é uma reflexão pendente que raramente se dá nas universidades. E digo isso com tristeza. Como professores, como professoras, temos a obrigação de conhecer, de debater, de analisar essas coisas.

Temos visto até aqui que não há situação educativa sem a figura do professor e do aluno que se encontram em certo espaço ao largo de certo tempo docente. Porém há algo mais que é essencial na situação educativa, e esse algo mais são os conteúdos curriculares, os elementos programáticos da escola, que eu, como professor, tenho a obrigação de ensinar e que os alunos têm a obrigação de aprender. Conteúdos que, em linguagem mais acadêmica, em teoria do conhecimento, chamamos de objetos cognoscíveis, objetos estes que os jovens que se formam para ser professor ou professora devem conhecer. Digo estes conceitos porque creio que, inclusive na prática da Educação Popular, o povo tem o direito a dominar a linguagem acadêmica.

E digo isso porque há educadores populares que, em nome da revolução, acham que o correto é romper com a academia. No meu modo de pensar, isso é um erro, é uma traição ao povo. O correto é trocar com a academia e não dar as costas à academia. Nosso problema não é estar contra a academia, mas sim refazê-la, colocá-la a serviço dos interesses da maioria do povo. Há que prestigiar a academia, isto é, colocá-la a serviço do povo. Desde que homens e mulheres inventaram a vida em comum, os objetos cognoscíveis foram percebidos e estudados através do exercício da curiosidade. O povo tem o direito de saber, necessita saber que os conteúdos escolares se chamam objetos cognoscíveis, quer dizer, objetos que podem ser conhecidos.

E aqui surge outro tema importante. Os objetos cognoscíveis são percebidos mediante o exercício da curiosidade. Daí o cuidado que nós, como professores, devemos ter em relação a preservar a curiosidade das crianças. Quantas vezes devem ter observado, em casa de amigos, o pai e a mãe conversando com a visita, e de repente um garoto de 3, 4 anos vem correndo com uma pergunta e o pai: "Calado! Não vê que estou falando com outra pessoa? Poxa, como você vem agora com esta bobagem?" Meu Deus! Eu não gosto de atirar pedras em ninguém, nem criar sentimentos de culpa, porém essa conduta é absurda. É um comportamento castrador que cerceia uma das coisas mais preciosas que temos, que é a curiosidade. Sem curiosidade sequer teríamos a possibilidade de ser pai ou mãe. Todo tempo educativo é tempo de pergunta e de respostas, tempo de disciplinar, de sistematizar a própria pergunta.

Uma tarde, já faz muitos anos, no Recife, o reitor da universidade veio à nossa casa para conversar sobre um problema da universidade. Estávamos no terraço, quando de repente um dos meus filhos, que devia ter uns 4 ou 5 anos, veio perguntar algo. Parei a conversa, escutei o menino, respondi a ele e depois disse: "Olhe, seu pai está conversando com um amigo que também tem perguntas para fazer e que também responde perguntas. Por isso, se tiver outra pergunta para fazer, te sugiro que a guarde na memória e me pergunte depois, assim teu pai pode continuar conversando com seu amigo." É preciso defender o direito que tem o garoto de perguntar, de satisfazer sua curiosidade, porém ao mesmo tempo dizer-lhe que há momentos para perguntar e momentos para abster-se, o que definimos em ética como "assumir os limites da liberdade". Sem limites não há liberdade, como tampouco há autoridade. A formidável questão que nos propõem os educadores é como estabelecer os limites, em que consistem realmente, e quais, entre eles, são os que ainda se tem que implementar.

Voltemos agora à questão dos objetos do conhecimento. Quanto mais pensamos no que é ensinar, o que é aprender, tanto mais descobrimos que não há uma coisa sem a outra, que os momentos são simultâneos, que se complementam, de tal maneira que quem ensina aprende ao ensinar e quem aprende ensina ao aprender. Não é por acaso que em francês o mesmo verbo significa ensinar e aprender (é o verbo *apprendre*). A questão é como lidar com esta aparente contradição. Neste momento, falando com vocês, estou reconhecendo essas coisas, estou reaprendendo essas coisas. De maneira que, no processo que vocês aprendem, vocês me ensinam. Como? Através do olhar, de suas atitudes. O professor atento é um professor desperto, não aprende somente nos livros, aprende na sala de aula, aprende lendo nas pessoas como se fosse um texto. Enquanto eu falo, como docente, tenho que desenvolver em mim a capacidade crítica e afetiva de ler os olhos, o movimento do corpo, a inclinação da cabeça. Devo ser capaz de perceber se há, entre nós, alguém que não entende o que falo, e nesse caso tenho a obrigação de repetir o conceito em forma clara para repor a pessoa no processo do meu discurso. Em certo sentido, vocês estão sendo para mim agora um texto, um livro que necessito ler ao mesmo tempo que falo. No Brasil, os bons políticos sabiam fazer isto, sabiam tocar a sensibilidade de quem os escutava. Agora, com a televisão, isto está acabando. A prática docente vai mais além do ato de entrar na sala de aula e dar, por exemplo, a classe dos substantivos. A prática educativa é muito mais que isso.

Sintetizando o que já falei sobre o tema: não há então uma situação pedagógica sem um sujeito que ensina, sem um sujeito que aprenda, sem um espaço-tempo em que estas relações se dão e não há situações pedagógicas sem objetos que possam ser conhecidos. Porém não termina aqui a questão. Há outra instância constitutiva da situação educativa, algo que vai mais além da situação educativa e que, sem embargo, é parte dela. Não há situação educativa que não aponte a objetivos que estão mais além da sala de aula, que não tenha a ver com concepções, maneiras de ler o mundo, anseios, utopias. Do ponto de vista técnico, esta instância, em Filosofia da Educação, recebe o nome de direcionalidade da educação. Muita gente confunde direcionalidade com dirigismo, com autoritarismo. No entanto, a direcionalidade pode viabilizar tanto a posição autoritária como a democrática, da mesma maneira que a falta de direcionalidade pode viabilizar o espontaneísmo.

É justamente a direcionalidade que explica essa qualidade essencial da prática educativa que eu chamo de politicidade da educação. A politicidade da prática educativa não é uma invenção dos subversivos, como pensam os reacionários. Ao contrário, é a natureza mesma da prática educativa que conduz o educador a ser político. Como educador, eu não sou político porque quero e sim porque minha condição de educador me impõe. Isto não significa ser partidário deste ou daquele partido, ainda quando eu considere que todo educador deva assumir uma posição partidária.

A politicidade é então inerente à prática educativa. Isto significa que como professor devo ter minhas opções políticas próprias e claras, meus sonhos. Porque, ao final, o que é que nos move, nos dá alento como professores, se ganho tão pouco, se estou tão desprestigiado nesta sociedade de mercado? Que sonho tenho para sonhar, para discutir com meus alunos? A politicidade revela outras duas características da situação educativa. Revela que, na prática educativa, estética e ética vão de mãos dadas. A prática educativa é bela, como é bela a formação da cultura, a formação de um indivíduo livre. E ao mesmo tempo essa estética é ética, pois trata da moral. Dificilmente uma coisa bela é imoral. Isto nos põe frente à necessidade de rechaçar o puritanismo que não é ético, é hipocrisia e falsificação da ética, da liberdade e da pureza.

Recapitulando, então: não há prática educativa sem sujeitos, sem sujeito educador e sem sujeito educando; não há prática educativa fora desse espaço-tempo que é o espaço-tempo pedagógico; não há prática educativa fora da experiência de conhecer o que tecnicamente chamamos de experiência gnosiológica, que é a experiência do processo de produção do conhecimento em si; não há prática educativa que não seja política; não há prática educativa que não esteja envolvida em sonhos; não há prática educativa que não envolva valores, projetos, utopias. Não há, então, prática educativa sem ética.

A educação não pode deixar de levar em conta todos esses elementos. Trata-se de uma tarefa séria e complexa e como tal deverá ser enfrentada tanto pelos responsáveis das políticas educativas como pelos próprios docentes. Temos a responsabilidade não de tentar amoldar os alunos, mas sim desafiá-los no sentido de que eles participem como sujeitos de sua própria formação. Nestes dias estou terminando um livro novo com ideias velhas, onde trato este tema da formação docente e onde ressalto dois ou três saberes ou máximas que, creio, deveriam fazer parte da bagagem de todo professor e professora.

Uma destas máximas, que me acompanha há tempos, é a que sustenta: "Mudar é difícil, mas é possível." Que testemunho poderia dar aos jovens se minha posição frente ao mundo fosse a de quem está convencido de que nada pode ser feito, que nada pode ser mudado? Eu diria que neste caso é melhor que abandone o magistério, que tente sobreviver de alguma outra maneira. Ninguém pode dar aulas sem ter a convicção do que faz. Não pode dizer: "Eu sou simplesmente um técnico, distante do mundo, da História." Não somente devo dar testemunho de minha vontade de mudança e sim, além disso, devo demonstrar que em mim, mais que uma crença, é uma convicção. Se não sou capaz de dar testemunho de minhas convicções, perco minha base ética e sou um péssimo educador porque não sei transmitir o valor da transformação.

Outra convicção que considero fundamental é a que sustenta: "É necessário aprender a escutar." Há quem acredite que falando se aprende a falar, quando na realidade é escutando que se aprende a falar. Não pode falar bem quem não sabe escutar. E escutar implica sempre em não discriminar. Como posso compreender os alunos da favela se estou convencido de que são apenas crianças sujas e que têm mau cheiro? Se sou incapaz de compreender que estão sujos porque não têm água para tomar banho? Ninguém opta pela miséria. No Rio de Janeiro, Joãosinho Trinta, um homem extraordinário que organiza com muita boniteza Escolas de Samba no Carnaval disse uma vez uma grande verdade: "Somente os intelectuais pequeno-burgueses gostam da miséria. O povo gosta de coisas bonitas, do luxo." Obviamente o povo gosta de bem-estar, daquilo que não tem ou não pode ter. O que nós devemos querer não é que o povo continue na miséria, mas que supere a miséria. Há que lutar para que o povo viva bem, que tenha camisas como esta que estou usando, que nos anos 1970 seria considerada sinal de burguesia. Há que democratizar as coisas boas e não suprimi-las. Eu não rechaço as coisas burguesas, mas sim a concepção burguesa da vida. Há que superar alguns equívocos do passado, como pensar que solidariedade com os oprimidos e as oprimidas é uma questão de geografia, que é necessário sair da área elegante da cidade e ir viver na miséria para, então, sim, ser absolutamente solidário com eles e elas. Isso nem sempre dá resultado.

Aprender a escutar implica não minimizar o outro, não ridicularizá-lo. Como pode um professor ter boa comunicação com um aluno o qual previamente desvalorizou ou ironizou? Como pode um professor machista escutar uma mulher, ou um professor racista, a um negro? Digo, se você é machista, assuma-se como machista, porém não se apresente como um democrata, você não tem nada que ver com a democracia. Se, por outro lado, você insiste com os sonhos democráticos, então vai ter que pensar em ir superando o seu machismo, seu classismo, seu racismo.

Nos Estados Unidos, acabam de queimar igrejas de negros como se os negros e as negras, em primeiro lugar, não tivessem alma e, em segundo lugar, no caso em que admitíssemos que têm alma, como se a alma negra estivesse suja e sujasse a oração. Dá pena quando a branquitude se acha no direito de ser pedagoga da democracia do mundo. Um cinismo incrível!

Outra das convicções próprias do docente democrático consiste em saber que ensinar não é transferir conteúdos de sua cabeça para a cabeça dos alunos. Ensinar é criar a possibilidade para que os alunos, desenvolvendo sua curiosidade e tornando-a cada vez mais crítica, produzam o conhecimento em colaboração com os professores. Ao docente não cabe transmitir o conhecimento. Somente cabe propor ao aluno elaborar os meios necessários para construir sua própria compreensão do processo de conhecer e do objeto estudado.

A complexidade da prática educativa é tal que nos propõe a necessidade de considerar todos os elementos que podem conduzir a um bom processo educativo, nos impõe a necessidade de inventar situações criadoras de saberes, sem as quais a prática educativa autêntica não poderia dar-se. Eu digo isto porque as virtudes e as condições propícias à boa prática educativa não caem feitas do céu. Não há um Deus que envia virtudes de presente, não há uma burocracia divina encarregada de distribuir virtudes. Saberes e virtudes devem ser criados, inventados por nós. Ninguém nasce generoso, crítico, honrado ou responsável. Nós nascemos com essas possibilidades, porém temos que criá-las, desenvolvê-las e cultivá-las em nossa prática cotidiana. Somos o que estamos sendo. A condição para que eu seja é que esteja sendo. Cada um de nós é um processo e um projeto, e não um destino. É preciso que na minha própria experiência social, em minha própria prática eu descubra os caminhos para fazer melhor o que quero fazer. Em minha prática docente, aprendi a necessidade da coerência, que não pode ter um discurso afastado da minha prática, que eu tinha que buscar uma identificação quase absoluta entre o que eu dizia e o que eu fazia. E esta é uma virtude que se chama coerência.

Descobri também que a afetividade de minha prática estava ligada à necessidade de aceitar a subjetividade dos demais, a necessidade de não pensar que sou o único no mundo que pode fazer certas coisas, e a necessidade de não ter ressentimento com as pessoas que podem fazer coisas que eu gostaria de fazer e não faço porque não sou capaz. Descobri que não podia odiar quem estava feliz no mundo simplesmente porque ele ou ela estava feliz. Aprendi também que devia continuar indignado diante da difícil situação que cria a infelicidade dos demais. Este respeito ao direito dos outros, este reconhecer que os outros podem fazer coisas que nós não fazemos, se chama humildade. E a humildade não implica no gosto de ser humilhado. Ao contrário: a pessoa humilde rejeita a humilhação.

Concluindo, professores e professoras, educadores e educadoras, alunos e alunas, devemos nos preocupar com a criação e a recriação, em nós e em nossos lugares de trabalho, das qualidades fundamentais que são as que nos vão permitir realizar nossos sonhos.

A LUTA NÃO SE ACABA, SE REINVENTA: PERGUNTAS DOS PARTICIPANTES

Como motivar alunos e impedir que se adaptem ao desinteresse, ao individualismo e à falta de solidariedade imperante?

PAULO FREIRE: Evitar a acomodação dos alunos e das alunas é uma de nossas tarefas. Obviamente, frente ao problema do desemprego não é fácil motivar as pessoas, mantê-las com esperança. Porém é fundamental que discutamos com os alunos a própria razão de ser das coisas, a origem de nossas dificuldades. Se nós conseguirmos convencer os jovens de que a realidade, por difícil que seja, pode ser transformada, estaremos cumprindo uma das tarefas históricas do momento. Há que se ter em conta que a História não termina com a história individual de cada um. Eu vou morrer dentro de pouco tempo, mas a História do Brasil segue com os outros brasileiros e brasileiras. A História é um processo. Se nós fizermos a nossa parte estaremos contribuindo para a luta da geração seguinte. Ainda que em certos momentos alguém possa se sentir cansado, ainda que possa pensar que seu tempo de luta passou, não tem direito de desistir da luta. O que deve ter é o direito de descansar um dia. Eu não tenho direito de desistir da luta porque cheguei aos 75 anos. Sou muito jovem para isso.

Qual é a utopia educadora possível hoje na América Latina?

PAULO FREIRE: A utopia possível não somente na América Latina, mas também no mundo, é a reinvenção das sociedades no sentido de fazê-las mais humanas, menos feias. No sentido de transformar a feiura em boniteza. A utopia possível é trabalhar para fazer que nossa sociedade seja mais visível, mais respeitada em todo o mundo, para todas as classes sociais.

Metodologicamente, como organizar a resistência?

PAULO FREIRE: Começando por nossa própria localidade, nosso bairro, nossa vizinhança. Necessitamos reinventar as formas de ação política. Muita gente não se recorda sequer em quem votou. Há que se valorizar a democracia. Não só é preciso saber em quem votamos, mas também saber o que estão fazendo aqueles e aquelas em quem votamos, pedir-lhes que prestem contas, denunciá-los se não as cumprem, para não voltarmos a elegê-los em próximas eleições. Temos que vigiá-los. Outra coisa que se poderia fazer é anotar as declarações dos diferentes candidatos, as promessas feitas durante a campanha eleitoral e comparar, depois, se o que disseram coincide com o que estão fazendo ou não. Geralmente, durante a campanha eleitoral se sustenta um discurso que não tem nada a ver com a prática posterior. Temos que publicar essas coisas. Denunciar os candidatos que estão descumprindo suas promessas é uma forma de luta, uma forma de romper o isolamento. Este é apenas um exemplo do que se pode fazer.

A História se acabou? Acabaram-se as ideologias? Terminaram as classes sociais?

PAULO FREIRE: Primeiramente, temos que rechaçar estes discursos, defini-los pelo que são: discursos puramente ideológicos pertencentes a uma ideologia reacionária. A História não se acabou. Segue viva e nos convida a lutar. As classes sociais não se acabaram. Estão aí, manifestando sua existência em todas as ruas do mundo inteiro, a exploração não terminou, nem os fatos são irreversíveis. Temos que compreender que as lutas dos povos atravessam etapas diferentes e essas etapas têm dificuldades diferentes.

Hoje, na rádio da universidade, citei uma reunião que se realizou em Berlim, sob os efeitos da situação de Chiapas, onde os cientistas europeus emitiram uma dura crítica ao discurso e à prática neoliberal. Uma análise muito séria que neste momento continua no México. Encontros como este são testemunho de que é possível lutar. Que é preciso lutar.

Como conseguir a mudança na atitude docente?

PAULO FREIRE: Em primeiro lugar, é preciso que o docente esteja pelo menos inclinado a mudar. Em segundo lugar, o docente deve ter claro qual é a sua posição política. A educação é uma prática política e o docente, como qualquer outro cidadão, deve fazer sua escolha. Em terceiro lugar, é preciso que o docente comece a construir sua coerência, que diminua a distância entre seu discurso e sua ação. Como posso fazer um discurso progressista e logo assumir um comportamento sectário, com preconceitos de classe ou raça? Estas contradições, às vezes encobertas, devem ser desveladas. A primeira luta que um docente progressista deve ter é consigo mesmo. Esse é o começo da mudança.

Como construir a pedagogia da mobilidade?

Paulo Freire: Em primeiro lugar, nos movendo. Não é possível trabalhar por uma pedagogia do movimento permanecendo quietos. Primeiro, temos que andar, e andar significa, neste caso, ainda que estejamos sentados, estar abertos às mudanças e às diferenças. Não posso falar aos alunos e alunas de uma pedagogia da palavra que os silencie. Se, ante uma pergunta que me cria dificuldade, respondo: "Vocês sabem com quem estão falando?", estou fechando a possibilidade da pedagogia da mobilidade. Vocês não imaginam como se aprende com o diferente. Às vezes não aprendemos com o igual, porém com o diferente, sempre. Às vezes aprendemos inclusive com o antagônico. Uma pedagogia do movimento é uma pedagogia de abertura frente ao outro, o diferente.

Quando cheguei do exílio, em um de meus primeiros seminários, na Pontifícia Universidade Católica de São Paulo, tive como aluna uma jovem senhora, seguramente reacionária, que guardava frente a minha pessoa um ressentimento gratuito, histórico. Quando falei do que pensava fazer, ela me olhou e me disse: "Não vou faltar a nenhum dia de aula porque quero ver se há coerência entre o que o senhor diz e o que o senhor faz." Eu respondi: "Muito bem, muito obrigado, estou contente de que você venha, será sempre bem recebida e tenho certeza de que quando terminarmos o semestre a senhora vai descobrir com provas concretas que o que digo coincide com o que faço." Nunca tivemos uma relação mais estreita. Ela nunca faltou às aulas e, terminado o semestre, teve a nota mais alta, porque era uma mulher séria, estudiosa e inteligente, porém vinha sendo reacionária. Esse era um direito dela, o de ser reacionária, como eu tenho o direito de não o ser. Cortesmente nos despedimos e ela disse: "O senhor faz o que diz!" Esse foi um ótimo presente... na verdade, o melhor presente talvez tenha sido o fato de ela ter vindo até mim, para ver-me e ter dito: "Eu me converti, agora sou uma mulher progressista." Isso não é fácil! Sempre existe a tentação de rechaçar aquele que pensa diferente.

Há que se lutar. O professor e a professora que quer ser coerente com sua posição democrática e ética tem a obrigação de entender e respeitar as opiniões diferentes das suas.

Como resistir no espaço sindical, em uma época em que as organizações dos trabalhadores estão desvalorizadas e infiltradas pela cultura dominante?

PAULO FREIRE: Esta é outra questão muito séria. A meu juízo, os sindicatos deveriam estudar com muita seriedade esta situação atual. Vocês já devem ter percebido, por exemplo, como as greves estão debilitadas. Porém o fato de que as greves percam a eficácia não significa que a luta deva desaparecer. A luta é histórica. A maneira como a luta se dá é também histórica, espaço-temporal. Não necessariamente se luta da mesma maneira aqui como em Paris.

O fundamental é saber que a luta não se acabou, não se acaba, que, sendo histórica, muda a maneira de apresentar-se, de fazer-se, e por isso tem que ser reinventada em função das circunstâncias históricas e sociais. Se a greve de professores não resulta em nada, cabe aos educadores discutir cientificamente qual será em cada momento a maneira mais eficaz de lutar. A questão não é desistir da luta, é mudar as formas da luta.

Com a chamada globalização, uma multinacional de Chicago que tenha uma fábrica em São Paulo, se esta tem uma ameaça de greve, dez minutos depois de consultar o computador daquela fábrica, pode-se saber se é possível transferir a produção para outro país, onde, inclusive, seja mais barata. Então fecham a fábrica de São Paulo e a greve se acaba. A questão não é parar de lutar. Este é o discurso totalitário neoliberal.

A questão é mudar a maneira de lutar. Há que se reinventar uma nova forma de lutar, porém jamais parar de lutar.

O que o senhor diria para as pessoas jovens que estão descrentes, que não conheceram a época de luta dos seus pais?

PAULO FREIRE: As pessoas jovens necessitam saber que a existência humana é uma experiência de luta. É importante deixar claro como a luta, e inclusive a violência, está presente em toda experiência humana. Ao esculpir a pedra, o escultor rompe o equilíbrio do ser da pedra. Há uma certa violência criativa nisso.

Em última análise, a existência humana é uma existência conflituosa. A questão é como fazer para que a experiência humana seja cada vez mais uma experiência "gentificada", de gente, de pessoas, de sujeitos, não de objetos. E isso não se consegue sem luta, sem esperança, sem tenacidade e sem força.

Como enfrentar a docência diante da desesperança imperante?

PAULO FREIRE: O único caminho é reencontrar razões de esperança na desesperança. Reconstruir a esperança. E para isso, há que reconhecer os diferentes tempos históricos, reconhecer que hoje a luta é mais difícil. E se a luta está por demais difícil, temos que, inclusive, aprender a "hibernar". O mundo não vai se acabar por dois ou três anos de espera. Eu não tenho dúvidas de que muita desesperança atual frente ao cinismo dessa ideologia fatalista neoliberal vai se converter em força de esperança por causa desse mesmo cinismo, desse fatalismo ideológico que não vai durar muito tempo.

Com respeito ao par esperança-desesperança, é bom recordar que a História não começa e não termina conosco. Creio que é necessário ser mais humilde em relação à nossa tarefa histórica individual. Claro que se me considero "o" líder, se creio que a mim pessoalmente me cabe a missão de transformar o mundo, posso cair na desesperança. Porém se humildemente sei que sou um entre milhares, que a História não se acaba com minha morte ou com minha geração, senão que segue, então compreenderei que o mínimo que eu possa fazer sempre terá algum resultado importante.

O que o senhor entende por ética do educador?

PAULO FREIRE: A ética define o dever ser, estabelece os princípios morais da convivência e respeito, regula nossa presença no mundo. Para evitar a trapaça da ideologia, digo que a ética tem que ver com o bom senso. Por exemplo, a partir deste ponto de vista, seria ético explorar as pessoas? Discriminar o diferente? Será correto humilhar, ironizar, menosprezar o aluno ou a aluna? Rir-se dele ou dela? Intimidá-lo/a? A partir do bom senso, ninguém pode aceitar isso. A eticidade é uma atitude concreta que não provém de discursos abstratos, mas sim de vivê-la em toda a sua justeza e plenitude.

No Brasil há professores que incentivam os seus alunos a faltar às aulas quando o dia seguinte é feriado. Acredito que um professor ou professora que age dessa maneira está faltando com a ética. O processo educativo é, sobretudo, ético. Exige de nós um constante testemunho de seriedade.

Uma das mais belas qualidades de um professor, de uma professora, é testemunhar aos alunos que a ignorância é o ponto de partida da sabedoria, que equivocar-se não é nenhum pecado, que é parte do processo do conhecimento. O erro é um momento de busca do saber. É justamente o erro que faz com que aprendamos. Não tenham vergonha do não saber, de não saberem. Muitos professores e professoras "jogam a bola a gol", "chutam" qualquer coisa por medo de passar por burros. Não silenciem os seus alunos e alunas para que não lhe façam perguntas. Perguntar, duvidar, problematizar, dialogar é fundamental no ato educativo. É suficiente dizer: "Não sei, porém vou tentar averiguar." Isso é um ato ético do educador ou da educadora sem o qual não se educa.

Quando eu era um jovem professor na universidade, uma aluna me fez uma pergunta que eu não sabia responder. E eu confessei isso naturalmente: "Não sei, porém não tenha dúvida de que se trabalharmos juntos podemos encontrar uma resposta. Eu a convido, se você estiver livre no próximo sábado, a almoçarmos juntos." Ela veio à minha casa, almoçamos, passamos duas ou três horas na minha biblioteca particular, encontramos a resposta e na aula seguinte informamos aos demais de nossa busca e de nosso achado. Isto não me desprestigiou, ao contrário. O que os jovens querem é uma prova de que podem confiar em nós, e quanto mais sério é o docente, tanto mais creem nele.

3
ENTREVISTA

A CONFRONTAÇÃO NÃO É PEDAGÓGICA E SIM POLÍTICA[*]

Nos anos 1960 e 1970 primou a discussão dos grandes temas, entre eles a liberdade e a autodeterminação dos povos. As ditaduras posteriores cortaram pela raiz esse debate. Devemos voltar a estes temas?

PAULO FREIRE: São os paradoxos da História. Por um lado, dá a sensação de que tudo aquilo foi esquecido, que foi superado, e por outro lado, a História nos convida a voltar a pensar sobre estas questões.

Há pouco tempo, no Brasil, fizemos uma lista dos problemas que minha geração teve que enfrentar e houve jovens de 22, 23 anos que constataram que alguns desses problemas eram os mesmos que tinham que enfrentar hoje. A questão é que os problemas não se dão no ar, se dão na História, mudam com a História, de maneira que as respostas que podemos dar a esses problemas não são as mesmas. Em outras palavras: mudando o tempo histórico, ainda quando a problemática pode seguir sendo a mesma, as formas de luta não são necessariamente as mesmas.

---

[*] Entrevista à imprensa de San Luis, Argentina, em 18 de agosto de 1996.

Um dos temas pendentes segue sendo o respeito pela integridade humana. De maneira que as gerações podem mudar, pode mudar a sensibilidade, o que não muda é a necessidade de se buscar novos caminhos de luta. De modo que quando parecia que a questão da integridade do ser humano se acabava, este tema volta..., e não tenho dúvidas de que em 10 ou 15 anos a preocupação pelos seres humanos se tornará ainda uma maior força. Já não estarei aqui, e vocês, e outros como vocês, farão perguntas parecidas a outro Paulo Freire e dirão: "O velho Freire tinha razão: a luta pelo homem e pela mulher buscando o seu próprio *ser*, seu desenvolvimento pleno, vai seguir acompanhando-nos..."

Nos países subdesenvolvidos a educação está em crise. Como enfrentar esta crise?

PAULO FREIRE: Em primeiro lugar, creio que a crise da educação não é privativa dos países subdesenvolvidos. Em segundo lugar, creio que a crise não é propriamente da educação e sim que a crise é da sociedade toda, é a crise do sistema socioeconômico no qual estamos inseridos que necessariamente se reflete na educação. Da minha parte, não tenho dúvida de que a confrontação não é pedagógica e sim política. Não é lutando pedagogicamente que vou mudar a pedagogia. Não são os filósofos da educação os que mudam a pedagogia, são os políticos sob nossa pressão que vão fazê-lo, se os pressionarmos. A educação é uma prática eminentemente política. Daí a impossibilidade de se implementar uma pedagogia neutra. No fundo, não há neutralidade. Para mim, repito, esta é uma luta política.

E um dos problemas que devemos enfrentar hoje é como nos comunicar com as maiorias que agora se encontram divididas em minorias e que não se percebem a si mesmas como maiorias. Há que se reinventar os caminhos da comunicação, da intercomunicação. Coincidindo com Habermas, não tenho dúvida de que a questão da comunicação é essencial neste fim de século. E não é possível pensar o tema da comunicação sem enfrentar, por exemplo, o da inteligibilidade do mundo. É justamente a possibilidade de inteligir o mundo que permite comunicá-lo. Para nós, como educadores, a questão a enfrentar é como trabalhar a comunicabilidade, como transformá-la em comunicação. Tarefa eminentemente política. Sou otimista. Repito o que para mim é uma certeza: mudar é difícil, mas é possível.

Qual é o seu modo de entender a situação dos setores populares latino-americanos no contexto da atual política neoliberal?

PAULO FREIRE: Esta é uma pergunta que todo educador deveria se fazer. Um dos maiores desafios do momento é como fazer frente à ideologia paralisante e fatalista que o discurso neoliberal tem imposto. Duas coisas a respeito deste tema. A primeira é que, ao contrário do que habitualmente se acredita, o grande poder do discurso neoliberal reside mais em sua dimensão ideológico-política que em sua dimensão econômica.

No Brasil, esse fatalismo se espalha massivamente tanto no âmbito trabalhista quanto no acadêmico. Quando sustento que não podemos aceitar que 30 milhões de brasileiros e brasileiras estão morrendo de fome, a resposta que costumo ouvir é: "Paulo, é trágico, porém é a realidade." Este discurso é imoral e absurdo. A realidade não é assim, a realidade está sendo assim. E está sendo assim não porque ela queira. Nenhuma realidade é dona de si mesma. Esta realidade está assim porque estando assim serve a determinados interesses do poder.

Nossa luta é por mudar esta realidade, e não nos acomodarmos a ela. Este fatalismo pós-moderno que não existia antes é a conotação fundamental do discurso neoliberal que deve ser combatida com a máxima firmeza. Devemos estar alertas, muito atentos, levantarmo-nos na terça-feira perguntando-nos se não nos entregamos ao fatalismo na segunda-feira.

O outro ponto a sublinhar é que este fatalismo criou na prática educativa o que se chama de pragmatismo neoliberal, que tanto em Educação Popular como em educação regular, "sistemática" pode resumir-se em uma frase que alguns de vocês já devem ter ouvido e que diz, por exemplo: "Paulo Freire *foi*." E por que Paulo Freire *foi*? Precisamente pela dimensão utópica de seu pensamento. Paulo Freire *foi* porque mantém essa posição esperançada e utópica que em outras partes já não existe.

E em que consiste esse pragmatismo neoliberal? Em não falar mais da formação e sim do treinamento técnico e científico dos educadores. Por exemplo, a faculdade de medicina deveria treinar bem os cirurgiões, os clínicos, cada qual em sua especialidade. E a Educação Popular, sempre segundo esta visão, deveria capacitar os artesãos, por exemplo, porém não formá-los. Este discurso lança mão também da palavra "cidadania", porém a limita essencialmente a uma boa capacitação para produzir. Para nós, em contrapartida, o bom cidadão é o bom homem ou a boa mulher, e somente se são bons homens e boas mulheres poderão ser também bons médicos ou bons artesãos. Somos *gente* antes de sermos especialistas.

Minha pedagogia segue sendo uma pedagogia da "gentificação", da "gentitude". Está voltada a formar boas pessoas e não somente especialistas. Esta é a posição que devemos assumir para frear e derrotar o avanço da ideologia do neoliberalismo.

No centro deste modelo, que não só pretende excluir as classes populares como também boa parte da classe média, não crê que no futuro a luta de classes se dará por apropriação do conhecimento?

PAULO FREIRE: Em primeiro lugar, nos discursos da chamada pós-modernidade, falam da morte das ideologias, porém acontece que só há uma maneira de matar a ideologia: é ideologicamente. Estes discursos sustentam, por exemplo, que não há classes sociais. Eu digo, está bem, suponhamos, para seguir com o exemplo, que as classes sociais se acabaram. Bem, agora pergunto: se acabou a exploração? Se me respondem que sim, que a exploração acabou, peço que me mostrem um lugar no mundo onde isto aconteceu. Não encontram! Lamentavelmente a exploração continua e onde há exploração continuam as classes sociais, uma exploradora e outra explorada. A exploração é quase tão velha como a história humana.

Seguindo com o tema das classes sociais, não importa que hoje tenham este ou outro nome, as classes sociais são um produto histórico e, como tal, mudam historicamente. É mais fácil perceber a existência de classes sociais em São Paulo do que em Genebra, mas isto não me autoriza a dizer que não há classes sociais em Genebra. É suficiente uma análise bem-feita e em cinco minutos identificamos as classes sociais genebrinas.

Obviamente, historicamente, as classes mudam, mas continuam existindo. Isto é no que acredito. Porém ao mesmo tempo não tenho nenhuma dúvida de que mais cedo do que muitos imaginam, os homens e mulheres do mundo vão reinventar novas maneiras de lutar, que nem podemos imaginar agora. Recentemente houve em Berlim um encontro de cientistas europeus reunidos para discutir uma alternativa a partir da situação de Chiapas. Foi um encontro cheio de vida, de esperança e de rebeldia, o oposto do neoliberalismo. Ali eu sustentei que hoje já podemos perceber que novas formas de rebeldia hão de ser inventadas. Eu não tenho dúvida de que isto vá acontecer, porém creio que vou morrer, e é uma pena, antes de poder vê-las. Não tenho dúvida de que este processo de re-humanização, de "gentificação" vai acontecer.

No marco deste fatalismo neoliberal, quais são suas reflexões a respeito da Educação Popular?

PAULO FREIRE: Na minha opinião, há toda uma constelação de questões políticas e pedagógicas que deveríamos estar enfrentando no campo estratégico do que chamamos "Educação Popular".

Esta questão do imobilismo-fatalismo é obviamente uma delas. No fim dos anos 1950, popularizei uma palavra estranha: "conscientização". Já esclareci várias vezes que não sou o criador deste conceito, porém me sinto responsável pela compreensão político-pedagógica-epistemológica do mesmo. Uma de minhas preocupações fundamentais, já então, foi considerar a conscientização como uma postura mais radical de entender o mundo, se a comparamos com a postura que comumente definimos como tomada de consciência.

Em outras palavras, a conscientização passa pela tomada de consciência, porém a aprofunda.

Quando eu tentei esse esforço, tinha em mente justamente a questão do fatalismo. Pretendia combater as posições imobilizantes e imobilizadoras do fatalismo camponês, que, frente a uma situação de exploração, geralmente busca a razão de ser dessa situação fora da História, a explica como um desejo de Deus, como consequência de seus pecados ou do destino. Perguntava-me como fazer para que os grupos populares fatalistas pudessem perceber que, em última instância, a cultura é criação do homem e da mulher, de sua ação, de sua imaginação sobre um mundo que nós não inventamos, que encontramos pronto. Recordo que, para enfrentar esta questão, me pareceu importante aprofundar criticamente o tema da cultura. E dizer: "Se temos sido capazes de mudar o mundo natural, que não fizemos, que já estava feito, se mediante nossa intervenção temos sido capazes de agregar algo que não existia, como não vamos ser capazes de mudar o mundo que fizemos, o mundo da cultura, da política, da exploração e das classes sociais?"

Colocado assim, deste modo, o conceito de cultura provocou um choque. Citei algumas dessas reações em meus livros. Por exemplo, em Brasília, na penumbra de um Centro de Cultura, um varredor de rua, um gari, escutou paralisado as inimagináveis – para ele – facetas do tema da cultura, tomou a palavra e proclamou: "A partir de amanhã vou entrar no meu trabalho com a cabeça erguida, com minha dignidade recuperada, pois a realidade pode mudar." Nunca vou esquecer sua reação. "Agora tenho esperanças", disse. Com suas palavras, me dizia duas coisas: por um lado, fiz um esforço e entendi, e, por outro lado, vou entrar com a cabeça erguida, com minha dignidade recuperada, pois a realidade pode mudar. Outro caso fantástico foi a de uma mulher, orgulhosa, que, levando um vaso de argila que havia feito, proclamou: "É a minha cultura."

Diante da conscientização o fatalismo se desmorona. Por isso, quando hoje em dia os "pragmáticos" do neoliberalismo dizem: "Paulo Freire *foi*", eu lhes digo sem mágoa, mas com absoluta convicção: "Não! Paulo Freire não *foi*. Paulo Freire continua sendo." E continua sendo porque a História está aí, esperando que façamos algo com ela, esperando que enfrentemos o fatalismo neoliberal que imobiliza, que sustenta, por exemplo, que o número de pessoas desempregadas no mundo é uma fatalidade deste fim de século. Isto estão dizendo os professores universitários, sociólogos, cientistas políticos. Como é possível que universitários digam que o desemprego no mundo é uma fatalidade? Que leram? Como raciocinam? Não! Não há nada fatalisticamente determinado no mundo da cultura.

Perguntam-me sobre a Educação Popular e aqui minhas propostas não se afastam, na maior parte, do que eu fazia nos anos 1960, quer dizer, trabalhar com os grupos mais necessitados em favelas, nos acampamentos, ajudar as pessoas a compreenderem que não há fatalismo na conduta humana, que a História a construímos nós e a História, por sua vez, nos constrói. Mas para que a História nos construísse foi preciso que antes nós a construíssemos. A história não podia antecipar-se aos homens e mulheres porque a História é um produto cultural. Foi criando a História que homens e mulheres se fizeram na História.

De maneira que há que se voltar a discutir este tema da conscientização dos sujeitos como fazedores da História. Não há momento mais crucial que este na formação do sujeito autônomo. E não há momento mais efetivo no discurso neoliberal que aquele no qual os sujeitos se assumem a si mesmos como meros objetos porque consideram que isto é inevitável. Há que se lutar. Há que se combater por todos os meios esse fatalismo como primeiro passo para qualquer outra modificação posterior.

PARTE II

Brasil

4
Seminário

Educação Popular e processos de aprendizagem*

Vou apresentar para vocês um pouco sobre como eu venho tentando compreender a relação ensinar-aprender e o que há aí, fundamentalmente, no ato de conhecer. Em seguida, a gente pode passar algum tempo perguntando, respondendo, indagando e procurando compreender a própria prática enquanto professor, enquanto aluno etc.

Quando pensa em ensinar, quando a gente fala o verbo *ensinar*, encontra-se diante de um verbo que, em si, mantém uma significação incompleta. Por isso mesmo é um verbo que requer o que se chama de complementos. Sem essa explicitação a gente se perde, não se comunica. O primeiro tipo de complemento que o verbo precisa é o conteúdo que o verbo *ensinar* exige para que seja compreendido como ensinar. Quem ensina, ensina alguma coisa. Portanto, não é possível ensinar nada a ninguém, a não ser que nada se substantive. Nada, enquanto negatividade, não pode ser ensinado.

Mas acontece que não para aí. O verbo *ensinar* não se contenta com uma primeira pergunta e uma primeira resposta que explicitaria o que a gente chamaria objeto. Ensino, por

---

* Texto apresentado por Paulo Freire no Seminário de Educação Popular realizado no Instituto Cajamar (SP), no ano de 1987.

exemplo, sintaxe, ensino história, biologia. Sintaxe, história e biologia são complementos diretos, objetos diretos de ensinar.

O ensinar exige um outro tipo de complemento, que é um complemento indireto, que é "a alguém". Quem ensina, ensina alguma coisa a alguém. Esse alguém seria exatamente o objeto indireto do verbo ensinar. Essa é a compreensão gramatical do verbo. Gramaticalmente o verbo é isso, exige isso. A gente teria que ultrapassar um pouco a compreensão gramatical que o verbo tem e deveria ensaiar uma compreensão mais ampla, que eu chamaria de sintática do verbo. Precisa ver agora o que esse verbo faz na estrutura complexa do pensamento da gente. O que ele implica, o que ele envolve no próprio envolvimento que ele tem gramaticalmente, já entendido dos seus complementos diretos ou indiretos.

Se eu me pergunto, não mais do ponto de vista puramente gramatical, agora do ponto de vista mais estrutural do meu próprio pensamento, sobre ensinar, eu começo a descobrir que esse objeto indireto, gramaticalmente considerado, a que me referi, quem ensina ensina alguma coisa a alguém. Eu descubro agora que esse objeto indireto, a alguém, seria aos alunos ou aos participantes do seminário, é na estrutura do meu pensamento algo mais do que uma pura incidência direta de uma ação.

Ensinar algo a alguém. Esse algo é objeto direto, o verbo transita aqui. Há uma ação que transita para alguém. Há um sujeito que exerce a ação, essa ação despeja no objeto que é incidência direta da ação, esse é o objeto direto. Seria biologia, por exemplo. Mas, como o verbo não se completa aí, necessita de outro complemento regido de uma preposição que é "a". Por exemplo, eu ensino biologia aos alunos. Essa é a compreensão gramatical. Alunos, enquanto objeto indireto do verbo ensinar, recebem a ação indiretamente. Por isso, é regido pela preposição "a", enquanto que biologia recebe a ação direta do verbo.

Do ponto de vista sintático, a compreensão não pode ser assim. É uma coisa muito mais complexa. E agora, a impressão que eu tenho quando saio da compreensão gramatical, eu caio no plano da compreensão sintática. Aí a coisa já começa a se politizar. A minha compreensão já não pode escapar a uma certa postura que, sendo epistemológica, tem que ver com a teoria do conhecimento, começa a ter que ver com uma certa opção política. Parece até que é mania minha falar em política. Mas não é. Vou tentar deixar isso claro. Quando eu invoco certa dimensão ideológica, quando eu me pergunto sobre o papel de "aos alunos". Portanto, se eu tiro a regência proporcional "a" e fixo-a com os alunos, eu pergunto: qual é, na frase, "Eu ensino biologia aos alunos", qual é o papel de "os alunos"? Gramaticalmente eu diria que é de receber indiretamente a ação do verbo.

Do ponto de vista de uma compreensão mais política, filosófica, epistemológica, começa a briga. Será que o papel, agora, de "alunos" do ponto de vista da compreensão sintática – envolve a compreensão política – será puramente de um objeto indireto? Ou, pelo contrário, "alunos", "enquanto, gramaticalmente objeto indireto de ensinar" é coautor do ato de conhecer o objeto de ensino. Que gramaticalmente, é o objeto direto, que é Biologia.

Veja bem: se eu admito agora que "alunos" é gramaticalmente objeto indireto, do ponto de vista da teoria do conhecimento, é participante do ato de conhecer e não incidência do meu ato de ensinar, eu começo a exigir de mim ter uma compreensão diferente de ensinar. Ensinar, pra mim, começa a não ser apenas a ação exercida por um sujeito no sentido de transferir a outro sujeito a compreensão passiva ou a noção passiva de um certo objeto. Ensinar, então, começa a ser, para mim, alguma coisa mais complexa que é um tema fundamental, para compreender a teoria do conhecimento, na minha perspectiva política. E para compreender a prática educativa. Isto é um ponto de partida.

Se a minha posição não é uma posição autoritária, em que me admito o direito de ensinar o objeto que eu sei, que eu conheço, partindo que no mínimo desconfio de que os alunos nada sabem, minha tendência é compreender o ato de ensinar gramaticalmente. Eu ensino alguma coisa a alguém. E o "a alguém" é o paciente da compreensão do objeto que eu ensino.

Se minha perspectiva, pelo contrário, não é essa, se na minha compreensão do ato de conhecer há uma exigência de postura crítica dos que conhecem, então o ato de ensinar não é mais apenas para mim. O ato de ensinar continua a ser absolutamente necessário. O ato de ensinar é um ato específico do professor. Mas o ato de ensinar, quando ele se prende ao ato de aprender, que é o ato específico do aluno, a gente descobre que ensinar e aprender fazem parte do mesmo processo de conhecer.

Ensinar já não é, na perspectiva democrática, a transferência bem-feita, não é a descrição bem-feita do perfil dos objetos. Ensinar é, sobretudo, desafiar o aluno para que o aluno saiba o que o professor já sabe. Que é exatamente ter a compreensão do conteúdo ou do objeto. Todo ato de ensinar implica no ato de aprender e os dois se juntam, na compreensão mais ampla do ato de conhecer. O ato de aprender casado com o ato de ensinar se prolonga no ato de conhecer.

Todo ato de aprender é precedido pelo ato de apreender. Não é possível apreender o objeto, conteúdo que se ensina, se não se apreende a compreensão profunda do conteúdo. A apreensão me possibilita a aprendizagem do apreendido. Por isso é que conhecer implica apreender. Isto é, implica apoderar; o sujeito que aprende se apodera da compreensão do objeto que está sendo aprendido.

Um dos equívocos de muitos educadores que insistem em demasiado numa coisa importante, e que a escola tradicional usou muito, é a repetição. A repetição da definição, a repetição do conceito, da descrição do conceito. É como se repetindo o educando apreendesse. A repetição se dando como meio de se possibilitar a memorização. Obviamente que não há aprendizagem sem memorização, não há conhecimento sem memorização. O equívoco está em que não se memoriza para aprender, aprende e por isso memoriza. Só é possível memorizar na medida em que eu aprendo o objeto. É porque eu sei o objeto que eu memorizo o objeto, não o contrário.

Por exemplo: em véspera de prova, um bando de estudantes faz de conta que sabe. Eles decoram simplesmente a periferia dos conceitos e dois dias depois já não sabem mais coisa nenhuma. Se, pelo contrário, em lugar de memorizar mecanicamente a descrição do conceito, a gente apreendesse o objeto, se a gente entendesse a coisa assim, ensinar seria uma coisa mais séria, mais complexa do que a gente pensa que é.

Se a gente fizesse algumas perguntas em torno das exigências para ensinar, tanto do ponto de vista democrático, como do autoritário, a primeira exigência para ensinar seria saber o que se ensina. Tanto o professor reacionário como o professor democrático tem de saber o que ensina. Eu só ensino o que eu sei. A competência em torno do objeto é absolutamente indispensável para o professor. Não importa a política que norteia a compreensão da vida que tem o educador. Pode ser reacionário ou progressista, se ensina tem que ser competente. Fora disso, é uma negação da própria prática que a pessoa aspira.

A questão começa a se diferenciar quando a gente se indaga em torno de como a gente entende o ato de ensinar e de como a gente ensina. Aí a questão do método é muito importante. Porque tem que haver uma coerência indiscutível entre aquilo que eu entendo ser ensinar e como eu ensino. Numa perspectiva autoritária segundo a qual o "aos estudantes" funcione gramaticalmente, como objeto indireto, o tratamento maior que o professor autoritário deve fazer com relação a como ele aborda o conteúdo. Numa perspectiva dinâmica, dialética, contraditória, democrática, a preocupação do educador não é só com relação a como enfrenta o objeto. A metodologia do ensino é importante. Mas a questão que ele coloca também é de como ele se relaciona com os educandos ensinando biologia. Como é que ele situa o objeto que ele ensina dentro do contexto geral em que os estudantes estão e ele também. A exigência não se põe apenas com relação ao método de abordagem do objeto, mas também em torno de qual é o papel do estudante. Este papel do estudante varia em função da minha compreensão de ensinar, da minha compreensão de aprender, da minha compreensão de conhecer.

Conhecer é um verbo ativo, que exige de mim a busca, a curiosidade em torno do objeto que eu devo conhecer. E essa curiosidade é quem se porta como sujeito e não apenas de quem se porta como incidência da descrição feita por outro. O papel do professor democrático não pode ser apenas um papel de quem transmite muito bem. Às vezes o cara é um excelente transmissor, mas ele não cria as condições intelectuais que são fundamentais para o processo de apreensão do objeto, que leva ao processo de assunção. É preciso que o educando assuma o objeto como uma coisa com que ele passa a conviver. Fora disso ele pode até acumular informações.

Nesse sentido, então, ensinar é a forma de como o ato de conhecer do professor se dá ao educando. Provocando no educando a curiosidade necessária para que o educando assuma também a postura de quem quer conhecer com relação ao objeto que está sendo ensinado pelo educador. O professor parte ensinando, mas, ao partir ensinando, o processo de ensinar aparece como sendo anterior ao de conhecimento que o professor teve de fazer, provocador, então, de um mesmo ato de conhecimento que o educando deve assumir para apoderar-se do objeto.

Dá para ver que essa coisa não é fácil de ser feita, de ser vivida. Às vezes não é fácil nem explicar como eu a entendo. Esta é a minha forma de compreender o ato em que me envolvi por muitos anos. Eu vejo que isto está muito abstrato, mas é uma abstração muito concreta.

A questão que se coloca é de saber quem determina os conteúdos e como é que se ensinam os conteúdos. Conteúdos a favor de quem? A favor de quê? Para quê? Essa é uma questão da pedagogia que é política. Mas não saber se tem pedagogia sem conteúdo ou não. Porque é um ato que não existe. É coisa inviável.

Se tem conteúdo, porque não é possível ensinar a não ser alguma coisa, é preciso que o educador se capacite. Isto é um ponto central na formação do educador, que tem de ser uma formação permanente. Como se porta o educador no trato do conteúdo, no trato dos objetos? Como ultrapassa o conteúdo? Como se serve da rigorosidade com que se deve ultrapassar o conteúdo? Precisamente por causa desta rigorosidade insere compreensão crítica desse conteúdo na compreensão histórica da sociedade em que se vive. Há toda uma implicação que não é só individual. Há uma dimensão pessoal no ato de aprender, ensinar e conhecer, mas essa dimensão individual não basta para explicar o processo em que o ato se dá.

5
DEBATES

EDUCAÇÃO POPULAR E PROCESSOS DE APRENDIZAGEM: COMO ESTUDAR HISTÓRIA

Seria possível traduzir esta discussão formulando exemplos no campo de estudo da história?

PAULO FREIRE: O primeiro momento da minha resposta aqui seria o seguinte: chamar a atenção na formação permanente dos professores para a necessidade que o professor tem em relação ao ensino de sua disciplina, a necessidade que tem de libertar tanto quanto possível sua imaginação. Talvez você dissesse: mas, Paulo, você está doido? Eu faço uma pergunta muito objetiva e você vem com a imaginação. Eu vou dizer por quê.

Em primeiro lugar, o ato de conhecer não é adivinhar, mas passa pela adivinhação. O que eu quero dizer é o seguinte: se eu falo na minha tentativa de compreender essa casa, por exemplo, se eu paro apenas no nível de minha capacidade intuitiva, na minha possibilidade de adivinhar que talvez virando aquilo ali eu tenha uma porta; se eu paro aí, eu não conheço a casa. Mas se eu prescindo disso, eu conheço mais dificilmente a casa. Em outras palavras, conhecer não é adivinhar, mas adivinhar tem que ver com conhecer. Ajuda. A intuição é absolutamente indispensável, é preciso trabalhar o objeto da intuição com rigor, mas nunca prescindir dele. A necessidade da imaginação tem que ver exatamente com isso.

A rigorosidade acadêmica tem uma inimizade terrível com tudo isso. O que é um absurdo. Quando eu falo da necessidade que tem o professor de libertar a imaginação, é exatamente a possibilidade que ele tem de desenvolver a capacidade de ligar fatos uns com os outros ao nível da inteligência dos alunos, à capacidade de percepção dos alunos. Por exemplo, você é professor de história e trabalha com crianças. Você tem um fato histórico que se deu até agora, que se diz que se deu de tal forma. A gente tem dados concretos que nos fazem falar do fato de tal maneira. A questão que se coloca para mim no ensino da História não é da memorização da descrição dos fatos com suas datas, mas é da compreensão histórica. No ensino, a imaginação se faz com o diálogo. Sem o diálogo, sem o bate-papo concreto, não significa que esse diálogo não esteja ocorrendo. É interessante. O diálogo pode se dar no silêncio também, o diálogo enquanto atitude, enquanto postura. Uma professora como Marilena Chaui faz isso perfeitamente. Um professor como Fernando Cardoso fazia isso antigamente. Um professor como o professor Florestan Fernandes faz isso. São professores que expõem com uma extraordinária lucidez e em sua exposição eles provocam o grupo de estudantes. É como se os estudantes saíssem de suas cadeiras e encontrassem no meio do caminho o discurso dinâmico do professor.

Esse tipo de professor até cansa tremendamente o aluno. Porque o aluno se sente forçado a acompanhar o ritmo do pensamento, quase sempre contraditório porque dialético, desse tipo de professor. A questão não é formal, não é ficar uma hora fazendo pergunta e pedindo que o aluno pergunte.

A questão é saber até que ponto eu sei que posso provocar a curiosidade permanente durante uma hora do estudante para que ele se exercite na experiência de captar a substantividade do discurso. Isto é outra coisa que as universidades não fazem. Muito mal nós estamos ensinando os alunos a ler textos. Não estamos ensinando os alunos a ler contextos. Nem tampouco estamos ensinando o aluno a ler discursos orais. A gente não lê o discurso do outro, a gente não sabe acompanhar o raciocínio de quem fala. De modo geral, a gente se perde na sonoridade do discurso de quem fala. Por isso, é fácil ficar mais ou menos vencido nos discursos dos comícios.

A mesma coisa deverá fazer um professor de matemática, biologia etc. A exemplificação aí é muito importante. Dar exemplos concretos, fazer comparações, possibilitar situações diferentes que têm traços em comum. Depois vem a pergunta, a indagação. Como é que está sendo apreendido? O que é que eu quis dizer com isso? Porque às vezes está claro para o professor, mas não está para a compreensão do aluno.

Recursos pedagógicos

É muito comum observarmos professores que são competentes, dominam o conteúdo mas não sabem transmitir. Há também os que sabem transmitir mas não têm domínio de conteúdo. Aí me parece que deveria haver uma complementaridade entre as duas coisas. Você acrescentou, na relação ensinar – aprender, um terceiro elemento que é a apreensão. Ocorre que hoje a gente tem percebido que se intensifica a utilização de recursos pedagógicos como meio de transmissão. Sobretudo para quem tem domínio de conteúdo e tem dificuldade de transmissão. Coloco a seguinte questão:

em que medida esses recursos podem inibir ou favorecer o processo de aprendizagem?

Outra questão: nesse processo de aprendizagem a gente tem verificado alguns exemplos concretos de formação de dirigentes sindicais. Tem havido muitos casos mais de acumulação de conhecimento e não a apreensão. Há companheiros que passam por um curso, aprendem determinada teoria, mas acompanhando a prática desse companheiro verifica que não houve mudança de atitude. Muitas vezes o comportamento do dirigente sindical se contradiz com aquilo que está sendo ensinado num curso dentro das próprias instalações do sindicato. Eu gostaria de saber em que medida uma aprendizagem voltada para resolver a contradição dos comportamentos violenta ou não esta aprendizagem?

Paulo Freire: Estas questões são absolutamente pertinentes. No momento em que a gente sai de uma compreensão gramatical do verbo ensinar e se preocupa com a estrutura geral do pensamento em que o verbo aparece, com sintaxe, começa a descobrir que nem a sintaxe, nem a teoria do conhecimento, sozinhas, podem explicar. Porque a questão já ultrapassa e cai no domínio da política, no domínio da ideologia etc.

Eu falava que era preciso haver uma clareza política e uma coerência entre o que eu prego e o que eu faço, para que o que eu prego se consubstancie mais. Esta coisa é fantástica. No problema da coerência há, indiscutivelmente, uma dimensão ética também. Por exemplo: você vê um sujeito que se diz revolucionário, que prega a abolição do sistema capitalista e a instauração de uma sociedade socialista, que é racista ou machista (não marxista), esse é um cara profundamente contraditório. Ele devia colocar o dever de pensar o chão que ele tem que caminhar para poder ser revolucionário.

Essa coisa ultrapassa a compreensão do ato de conhecer. Você pode perguntar: Paulo, o que você pensa de um cara que conhece a coisa e faz o contrário dela? Isso me faz lembrar Sócrates. Ele cometeu uma imensa ingenuidade, que foi a de identificar virtude com sabedoria. Você pode ser um sábio e pouquíssimo virtuoso. Não há dúvida nenhuma. Você pode saber troço pra burro de vida sindical, mas vivendo sindicalmente é o oposto daquilo que pensa que sabe.

Qual é o papel da pedagogia aí? É alertar, é o papel de quem desvela. Nada mais. O que a gente pode fazer pedagogicamente é mostrar a contradição. Qual é um dos problemas graves da vida política brasileira hoje? É exatamente a distância entre o que se diz e o que se faz.

O discurso do candidato tem muito pouco que ver com a prática dos eleitos. Os caras fazem um baita discurso quando são candidatos e quando se elegem têm uma prática contrária ao discurso. Quando discursam, chamam o inimigo que está no poder de imoral. Quando se elegem, chamam de ética política, de prática concreta, realista, aquilo que era no inimigo imoralidade.

A questão que se coloca é de que conhecer o objeto não significa já fazer o que o objeto pede que seja feito. Primeiro: o conhecimento da realidade não basta para transformar a realidade; Segundo: o conhecimento da realidade não basta para que eu adira ao processo de transformá-la; Terceiro: o conhecimento da realidade é indispensável do processo de transformá-la. Você vê que é dialético isso. É contraditório. Aparentemente, conhecer a realidade já deveria significar aderir ao processo de mudança dela. Mas não. Às vezes, conhecer a realidade significa deixar de engajar-se. O fato de conhecer a realidade provoca um susto tal e um tal recuo ideológico que o cara desiste no meio do caminho.

Nunca me esqueço de um seminário que dei anos atrás em Paris. Era um grupo de sacerdotes católicos. No meio da discussão, teve um deles que se irritou muito comigo e disse: até cinco minutos atrás eu era revolucionário ingenuamente, como o senhor acaba de explicar. Mas agora sou criticamente reacionário. Levantou e se retirou. Ele ficou tão irritado e assumiu totalmente. Eu falei: isto é uma coisa maravilhosa, que você vá embora. Agora, a gente sabe quem você é e você sabe quem é. Antes você não sabia. Você sabe que é um "reaça". Então, isso ocorre.

Eu falava da necessidade da competência em torno do conteúdo. Mas não basta. A competência do conteúdo tem que estar iluminada pela competência política, que esclarece politicamente a razão de ser do conteúdo. É essa competência política que, somada à competência em torno do conteúdo, me faz, ao ensinar o conteúdo, já estar desafiando o educando para que ele se defina como esse padre em Paris. Ou ele descobre que estava sendo ingênuo, até então, e agora recusa a ingenuidade e passa a procurar assumir uma posição comprometida, contra o *statu quo*, ou reconhece que estava ingênuo como o tal padre e agora pretende virar criticamente reacionário.

É fundamental que, ao ensinar o conteúdo, eu desafie o educando a desconfiar de que o conteúdo sozinho não explica as coisas. Inclusive a transformação. Isto coloca para nós, educadores, uma outra questão que é política e ética.

Outra questão: como o educador, portanto, como político, ao "ensinar o conteúdo a", eu não posso ficar apenas no nível do conteúdo, porque devo ultrapassá-lo. Não é nem ultrapassá-lo, eu devo desvelar as implicações políticas que o conteúdo tem.

Por outro lado, eu não posso, como educador, fugir de ensinar os conteúdos apenas discutindo as implicações políticas de todos os conteúdos. Porque aí seria também uma traição ao aluno. O aluno que vem estudar matemática, ele precisa aprender matemática. Se eu não posso, de um lado, só ensinar matemática, porque aí eu estou traindo uma tarefa política que eu tenho como educador... O professor que deixa de ensinar um conteúdo na sala de aula para criticar o Sarney é tão ruim quanto o Sarney. Ele desserve ao país, indiscutivelmente. Porque o papel dele é ensinar matemática. Substantivamente ele ensina matemática, mas não é possível ensinar matemática em abstrato, apesar de ser abstrato, então é preciso encarnar a Matemática com a análise política.

Esta é uma das únicas saídas pedagógicas que se teria para diminuir essa contradição a que você se refere. No nível do sindicato, por exemplo, o sindicato faz um curso, dá programas, o sindicato ensina o que não faz. Aí o único jeito é chamar a atenção da liderança sindical. Precisa ganhar um nível de coerência, que o rigor científico exige.

Eu retomo a pergunta sobre os recursos pedagógicos utilizados no processo e formação, que foi formulada anteriormente.

PAULO FREIRE: Desculpem-me, eu volto à questão. Eu sempre disse que os recursos pedagógicos não são neutros. Uma coisa é um projetor de slides na mão de um reacionário e outra é o projetor na mão de um revolucionário. O projetor pode ter tarefas absolutamente contraditórias. É preciso que esteja claro para o educador o que ele quer fazer. Que esteja claro do ponto de vista da teoria do conhecimento, para ajudar a provocar conhecimento. É preciso que ele aprenda a manejar a linguagem que esses instrumentos têm em si próprios ou que eles provocam. Se isso for bem-feito, não há dúvida nenhuma que o professor pode conseguir intensificar a capacidade de apreensão do objeto por parte do aluno.

Eu repito um exemplo para mostrar a força que esses instrumentos têm, sobretudo a força que eles podem dar. Um vídeo serve para nosso exemplo. Se a gente tivesse feito um vídeo desta reunião, poderia mostrá-lo numa próxima. A gente poderia mostrar o vídeo a um grupo completamente diferente do de vocês. E discutir com ele o que nós fizemos hoje. O que iria ocorrer? Mostraríamos uma discussão na qual esse grupo exerceu certa curiosidade intelectual em face de alguns temas, diante de alguns problemas. Isto foi posto no vídeo e virou, agora, para o outro grupo, o que eu chamo, na minha linguagem, de codificação. Isto passou a constituir uma situação objetiva, provocadora de outra curiosidade.

O outro grupo iria descobrir no vídeo outras situações que a curiosidade desvelará mais do que nós aqui. Teríamos uma riqueza de discussão sobre determinados pontos que poderiam parecer como falhos da nossa parte. Outra hipótese: mostrar a nós mesmos, daqui a oito dias, o vídeo de nós mesmos reunidos. Faríamos a crítica sobre nós, sobre um discurso mal elaborado, por exemplo, sobre uma pergunta malfeita, uma resposta incompleta etc. Seria o debate em torno dessas possíveis falhas. Isto levaria a um aprofundamento da compreensão que hoje não ganhamos de um determinado objeto.

O uso desses instrumentos nos levaria, do ponto de vista da teoria do conhecimento, a experimentar o processo de apreensão da apreensão anterior. Eu agora vou perceber como eu percebi o mesmo fato. A percepção da percepção anterior sempre coincide com o conhecimento anterior. O conhecimento do conhecimento anterior, primeiro: ratifica o conhecimento anterior e dá a ele mais força; Segundo: retifica o conhecimento anterior. A nossa tendência ao perceber o percebido anteriormente é perceber melhor. Isso a gente pode fazer com um projetorzinho de slides, que é coisa antiga, e com o cinema ou um vídeo. Esses instrumentos podem e devem ser usados para ajudar a compreensão mais crítica do professor e do aluno. E podem também ser usados para domesticar mais.

Formação moral do dirigente e disciplina

A partir desta questão que acabamos e discutir, trago para o debate o problema da moral. Ao se colocar o compromisso político é preciso ver a questão ética. É uma questão que ficou meio fora da tradição da esquerda. Existe entre nós a confusão entre ética e moralismo. Esta é uma confusão política. Política é negócio meio restrito quando se entra na órbita do comportamento individual deixa de ter validade. A gente também acaba entrando nesta contradição. Você teria alguma indicação bibliográfica sobre esse tema?

PAULO FREIRE: É isto mesmo. Quanto a uma bibliografia, eu não teria muito a dizer neste momento. A gente encontra muita coisa em Gramsci. Mesmo quando não vem explicitamente dito. Você pega a questão ética nele.

Nós, numa postura de esquerda, temos o dever de enfrentar esta problemática. Uma coisa é você cair num moralismo que é reacionário, mas outra coisa é você recursar a necessária presença da ética no ato político, no ato pedagógico. A tarefa é saber que ética é essa. A mim não interessa uma ética estritamente burguesa. Por exemplo: cumprir um horário, cumprir uma palavra, não é ética burguesa, é ética de ser vivo. Esse negócio de dizer que chegar na hora certa é negócio de burguês, eu vou chegar tarde porque não sou burguês. Não é não. Chega tarde porque é malandro, porque é irresponsável. Isso não é patrimônio da burguesia. É preciso saber que tempo é fundamental para a revolução. É disciplina. Ninguém faz a mudança de nada sem disciplina. Sem disciplina ninguém é. Disciplina não é exigência burguesa.

Como a disciplina pode ser mais bem explicitada sem cair para o lado do autoritarismo?

PAULO FREIRE: Em primeiro lugar, eu acho que, para a gente evitar isso, tem que entender a disciplina como um ato social e não individual. Que tem, porém, uma dimensão individual. Em segundo lugar, quando a gente pensa a disciplina numa perspectiva democrática, não licenciosa, nem autoritária, a gente descobre que a disciplina não é uma coisa que existe bela, mas a disciplina é ou se encontra na relação tensa entre autoridade e liberdade. É aí que haverá ou não disciplina.

Não há disciplina fora da liberdade e fora da autoridade. Mas nunca na liberdade em si, nunca na autoridade em si. A disciplina que existisse na autoridade seria a disciplina imposta pela autoridade às liberdades. Isso é autoritário. A disciplina que existisse apenas na liberdade seria a disciplina imposta, a autoridade que se quebraria, já não seria disciplina, nem liberdade, seria licenciosidade. A disciplina se encontra na tensão da relação autoridade e liberdade que se concebem espaços e se respeitam.

É importante reconhecer que não há liberdade sem autoridade. Eu não aceito. Esta é uma das minhas brigas com o anarquismo, com o qual eu simpatizo enormemente. Eu tenho até umas coisas um pouco anarquistas em minha pedagogia. Eu acho que sem a presença da autoridade a liberdade não se constitui. Dificilmente um grupo de crianças se constituiria livremente sem a autoridade materna e paterna.

Autoridade é um limite. Eu não creio em nada fora do limite. A natureza finita do ser humano precisa de limite. O limite é que me faz a possibilidade. O limite me faz possível, não a falta dele. A inexistência do limite me impossibilita. É a presença do limite que me desafia e me viabiliza. Eu sou eficaz porque há limites. É absolutamente contraditório. Fora disso eu não creio na liberdade.

O que será de um grupo de estudantes cujo professor entra na classe se os alunos deixam, e o professor dá aula se os alunos querem? Não pode. Aí não vai haver conhecimento, não vai haver liberdade, não vai haver autoridade, não vai haver disciplina, não vai haver nada.

O que seria de uma liderança que ficasse atrás das massas populares. Eu sempre digo que as lideranças revolucionárias nem podem estar demasiado à frente das massas populares porque tenderiam essas lideranças a perder de vista as massas populares na poeira que elas mesmas fariam. Nem podem ficar demasiado atrás das massas populares. As lideranças revolucionárias têm que ficar ao lado e com as massas. E, de vez em quando, dar um salto à frente e puxar. Vir para trás e dar um empurrão. A posição da liderança é a de quem se move.

Como trabalhar essa temática da disciplina de horário considerando a realidade de um operário da fábrica, onde ele é obrigado a cumprir o horário para não ser descontado do seu pagamento? Como formar uma liderança nesta perspectiva de não estar só à frente, mas ao lado e com as massas, não esquecendo do autoritarismo praticado por diversos dirigentes?

PAULO FREIRE: Uma vez mais vem a questão que discutimos anteriormente. É a questão de a liderança conhecer. Pode-se fazer uma discussão com as lideranças sobre as diferentes hipóteses de liderança. Pode-se até pedir à própria liderança que vá ao quadro negro e faça uma lista de qualidades que uma liderança autoritária tem, ou deve ter, e uma liderança democrática. Eles vão catalogar as qualidades. E você pode discutir depois, perguntar para eles onde é que eles se encaixam. Discutindo com profundidade a compreensão do que é uma liderança autoritária e uma liderança democrática. E depois comparar.

Há uma tendência de classificar a liderança democrática enquanto uma liderança licenciosa. E para não ser licencioso se cai no autoritarismo e se diz que esse é que é democrático. E se fala então no centralismo democrático. Isto não é centralismo democrático, é autoritarismo mesmo. Tem gente que se diz revolucionário, mas só entende de revolução com ele mandando. É gente autoritária. Nossa tarefa é brigar contra o autoritarismo, não importa se ele está na esquerda ou na direita.

Educar na ação

Como você vê a questão de estabelecer níveis de formação? Além dessa pergunta, eu retomo o que foi falado sobre o papel da liderança. Destaco que não precisa ser sempre as mesmas lideranças. No processo de avanço das massas, esse sujeito que vai ficar à frente pode ser um qualquer. Pode ser num segundo momento nenhum daqueles que esteve num primeiro momento. Quando uma liderança deixa de se envolver na luta também, dificulta a realização de seu papel. Às vezes a liderança volta a um lugar apenas para estar junto formalmente. Não acho que deve retomar a prática cotidiana da liderança e exercitar a crítica.

PAULO FREIRE: É, as lideranças têm que se reconstruir, se refazer historicamente. Elas não são metafísicas, não se imobilizam, não têm uma qualidade abstrata. Elas se fazem e se refazem. À medida que as classes populares crescem do ponto de vista da mudança da qualidade da consciência política, as lideranças mudam também. Pode ser até que continuem a ser as mesmas figuras, mas totalmente renovadas. É impossível que as classes populares mudem do ponto de vista da percepção delas, de seu caminho político e da sua própria presença na História e as lideranças continuem como eram antes. A mudança de qualidade das classes populares altera a qualidade das lideranças.

Há o problema das lideranças que devem ser renovadas mas há certa resistência a esta renovação. Trata-se de uma sede de poder. Como tratar isto na formação? Como efetivar a mudança do que se concebe por formação, num sentido mais amplo, que ultrapassa os momentos específicos de treinamentos?

PAULO FREIRE: Uma hipótese para desafiar seria propor ao grupo de formandos que pensem partes de suas práticas. Um exemplo: a organização, a preparação, a deflagração e a continuação de uma greve. Como começou, as razões da greve, como as lideranças tentaram converter o maior número possível de operários para o processo de greve. Vamos acompanhando, pegando o dia a dia em que começou a pensar na greve. Fazer a análise de toda essa prática. Pode discutir o procedimento de liderança diante da greve. Ver dúvidas da liderança, sua debilidade, o conhecimento que se constitui no processo de greve. Ver o que se fez desse conhecimento. Houve um processo de avaliação da greve?

Na medida em que a gente faz uma coisa como essa, já está fazendo, na prática, a relação prática e teoria. É examinando a prática de hoje que se prepara para ter uma prática melhor de amanhã. Este é um caminho para chamar a atenção para o problema. Para essa coisa não adianta discurso propriamente.

Eu repito aquela coisa que disse antes: o conhecimento do fato não significa, primeiro, que o fato vai mudar. Isso é o que o idealismo diz. Segundo: o conhecimento do fato não significa que eu, o conhecedor do fato, mudei também. É dramático isso, perceber essa verdade. Eu posso perfeitamente conhecer a estrutura dessa casa, tudo que tem aqui dentro. Esse conhecimento não me dá a certeza de que a casa vai mudar ou de que eu também mudo a minha forma de pensar.

Eu mudo a minha forma de pensar quando me engajo numa prática político-transformadora da realidade. Eu mudo no próprio processo de mudar. E, às vezes, demora muito. Fazer a análise de fatos concretos, históricos, é uma beleza. Pegue, por exemplo, a revolução da Nicarágua. Como foi possível fazer uma série de mudanças radicais na estrutura da sociedade e como, no nível da educação, se fez muita coisa. É exatamente na província da educação que a gente encontra uma maior resistência a uma mudança mais radical.

Veja a educação de Cuba. Depois de trinta anos de revolução, os cubanos agora estão envolvidos numa transformação do sistema educacional. Porque eles perceberam agora que a educação cubana era tradicional e autoritária. Foram trinta anos para descobrir isso. E por que tudo isso? Porque há uma outra coisa que é a ideologia. Às vezes é a força da presença ideológica na gente que explica a contradição entre discurso e prática. A gente faz um discurso da revolução e tem a prática da imobilização. Um sujeitinho faz um discurso dialético e depois diz que a revolução brasileira está precisando apenas de uma chegadinha à noite em Brasília para tomar o poder. Como pode conciliar esse idealismo com um discurso marxista-leninista?

Se você pergunta: e a educação? Pode fazer muito? Eu acho que pode. Mas sozinha não. Pode na medida em que consegue levar os grupos à análise do concreto e ao engajamento em práticas.

Um dos perigos da gente, como professor, é deixar se iludir pelo mito da razão. Todos nós temos um pouco disto. Que seria o seguinte: quanto mais racionalmente eu explicar, tanto mais o aluno vai aprender. Quanto mais aprende, tanto mais se engaja para mudar. Não é. A gente tem que partir com humildade para aquela constatação a que me referi. Primeiro: conhecer muito bem a realidade não significa sequer que eu mudei. Mas é um dado importante.

Lembro de um outro seminário feito como Frei Betto, em que alguém observava: muita gente vem de cabeça feita para o INCA, faz o curso aqui e sai de cabeça feita do mesmo jeito. A pessoa veio com um pronto, mudou o discurso, mas nós ficamos sabendo depois, que não mudou nada de sua antiga prática.

Discutimos também sobre os conteúdos. E Frei Betto colocou aquela questão de não ter dado o "clique", não mexeu nas atitudes, não atingiu o nível do comportamento e da afetividade. Não conseguimos fazer aquilo que você falou no seminário com Oscar Jara e Carlos Núñez, o pensar certo. O trabalho do educador seria desvelar o que está por detrás das aparências das coisas. Levar a perceber a lógica dos fatos, o que faz você virar até quase um pequeno feiticeiro que prevê coisas como o acordo MEC/USAID citado no exemplo atrás.

Eu acho que nós estamos meio zero à esquerda no debate sobre o aspecto da afetividade, sobre os aspectos mais inconscientes que mexem com o processo de mudança de opinião efetivamente, isto é, que façam a conversão das pessoas. Parece-me que o Frei Betto não tem nada sistematizado sobre isto. Mas, na sua prática, ele é uma das pessoas que sabe lidar com isto. E a gente fica meio besta querendo copiar, na forma tradicional de copiar tudo que é bom sem perceber o processo em que isso se dá, sem desvelar o processo.

PAULO FREIRE: Eu concordo contigo. Eu só repetiria o que tu disseste. Saber não significa mudar já, teoricamente. Que esse tal de clique ocorre, ocorre. O clique pode ocorrer, mas não significa que eu adiro.

Se eu faço uma análise de mim mesmo, eu não tive clique nenhum. Os cliques que eu tenho são em nível epistemológico.

Quando eu tinha 5 anos, segundo depoimento de minha mãe, diziam na família que eu seria um líder comunista. Diziam: Paulo tem horror e se irrita com todo tipo de relação vertical. Ele tem raiva de todo tipo de discriminação. Aos 5 anos eu já tinha um sonho que não sabia qual era. No nível do instinto, eu já tinha raiva de quem discriminava negro, protestante. No meu tempo de menino chamavam protestante de bode, era o termo mais pejorativo. Eu tinha raiva de católico que chamava protestante de bode, raiva de homem que mandava na mulher, raiva de branco que maltratava negro e de dona de casa que maltratava a doméstica. Tinha raiva de poderoso que discriminava o fraco. Então, eu não precisei de clique nenhum para aderir às classes populares, porque eu já nasci assim. Isto eu posso dizer. O testemunho de um pai me condicionou muito.

Eu tenho tido cliques no nível do conhecimento. Muita gente tem clique com relação à questão política. Eu também passei a ter clique em nível político. A gente vai clareando na medida em que vai pensando certo, em que vai descobrindo melhor a possibilidade de entender melhor os mecanismos da sociedade.

Que fazer para conseguir esses cliques? Eu não tenho a resposta. É mais fácil achar a solução se marchar para um certo condutivismo. Isto é, aceitar um certo tipo de psicologia condutivista, que no fundo é domesticadora, behaviorista. No momento em que se parte para uma compreensão política revolucionária, essas coisas não podem funcionar. Aí o que funciona é a capacidade de testemunhar. Eu acredito muito no testemunho do professor, do líder político, do líder operário, o testemunho é altamente pedagógico. O melhor caminho é fazer a análise da prática que já houve ou que está havendo. E descobrir a razão do fenômeno que implicou aquela prática. Eu não sei propriamente como é que isso se dá. Isso varia, não é igual para todo mundo.

Vocês me permitam uma aparente falta de humildade. Eu cobri o mundo, praticamente, com os meus livros. Claro que eu tenho provocado muito mais problemas com esse do que os outros. Eu tenho recebido depoimentos interessantíssimos. Recentemente, uma pessoa me procurou e disse: "Paulo, no segundo semestre de 1980, eu fui a São Paulo e lhe procurei na PUC. No intervalo da aula eu lhe fiz uma pergunta. E você me respondeu. Aquela resposta mudou o eixo de minha vida." Isso é incrível, deu clique!

Não é possível que as boas respostas sempre deem cliques. Há excelentes respostas que nunca deram cliques em ninguém. O que há é uma pré-disposição do cara, que está doido para mudar já, do contexto dele. Um professor norueguês escreveu um livro por causa de uma frase de uma entrevista minha nos Estados Unidos. Ele leu a frase e disse: "Isto aqui é um universo", e entrou. Um sociólogo norte-americano contou que ele fez uma defesa de tese de doutoramento em maio de 1970, numa linha positivista. Em setembro de 1970, saiu a primeira edição da *Pedagogia do oprimido* nos Estados Unidos. Ele leu e mudou completamente. Refez toda a estrutura de pensamento dele.

Vou ver se eu escrevo uma história da *Pedagogia do oprimido*. Os leitores têm o direito de não acreditar, vão pensar que eu inventei essas histórias. Eu tenho um conjunto de testemunhos disso. É uma frase do livro que provoca um negócio desse, um engajamento novo, uma ruptura. Apesar de eu estar envolvido nessa experiência, não tive, até hoje, nenhuma possibilidade de teorizar sobre isso. Nós, professores, nós, educadores, metidos em práticas de formação, de gente que forma, eu acho que a gente deve assumir a posição do otimismo crítico, não ingênuo. De saber que há chances indiscutíveis para provocar cliques em um seminário. Mas esses cliques não bastam. Não são planejados e não significa que o cara que teve o clique se converte totalmente. Mas já é alguma coisa ter clique.

Reconhecer a incoerência, buscar a coerência*

Eu sempre digo que no Brasil o discurso em nível político, macropolítico, por exemplo, o discurso do candidato não tem nada que ver com a prática do eleito, nada. E enquanto – eu acho isto fantástico – o candidato é candidato, ele ataca fortemente o cara que está no poder, dizendo que é imoral. O PMDB é maravilhoso nisso, por exemplo, eu vi o Ministro Bresser Pereira dizer, no Congresso, que uma coisa é fazer o discurso enquanto oposição, outra é depois ser ministro, ser governo! Então, eu acho que um político que diz isso é incompetente quando era oposição, e eu acho que nenhum de nós tem o direito de ser incompetente. Eu digo que se o PT chega ao poder e repete essas coisas, eu

---

* Os textos seguintes foram compostos a partir dos comentários de Paulo Freire às observações e perguntas dos demais participantes do seminário no Instituto Cajamar, em 8 de março de 1988. As falas desses participantes, com a exceção da de Oscar Jara, não puderam ser reproduzidas por dificuldades de transcrição e de identificação das vozes (necessário para que fosse possível solicitar-lhes a autorização de uso). Os trechos foram intitulados em relação ao tema da conversa.

espinafro o PT do mesmo jeito, e quem quiser dizer que é idealismo que diga. Eu acho que há um limite para o cara ser incoerente, que é o limite necessário sem o qual você não sabe o que é e o que não é incoerente. Você tem que ser um pouco incoerente para saber que há uma coisa chamada coerência, para a qual você tem que lutar. Então eu acho que essa coisa é fundamental, é importante. Evidentemente que isso não é coisa que você ensine através de cursos, mas é coisa que deve ser esclarecida e discutida através dos cursos. Por exemplo, como é que você pode conceber um educador que se diz progressista e que freia a curiosidade do educando em nome de sua autoridade como educador? Eu não entendo isso! Um educador progressista não pode frear a curiosidade do educando com o pretexto de que o educando está sendo curioso além do limite. Quem é que disse, qual é o limite da curiosidade? Então, se diz: "Esse educando me provocou!" Mas o educador tem o dever de responder fortemente à provocação do educando, o que ele não pode é botar o educando para fora em nome de sua autoridade, mas tem o dever de dar uma "chapuletada" no educando. Se for o caso de reprovar, reprovar o educando que não cumpriu a tarefa, isso está certo! Agora, o que você não pode é, por exemplo, o caso de uma grande amiga na Suíça, estudante de pós-graduação da Universidade de Genebra, que um dia esteve em um curso de uma mulher francesa – não me lembro o nome dela –, uma marxista muito competente que estava dando um curso na Universidade de Genebra sobre sociedades autoritárias, estudando um pouco a obra de Marcuse. Era uma mulher brilhante, realmente. Mas essa minha amiga disse que um dia, em certo momento da exposição da professora, ela – olhando os olhos da professora, ela não queria perder nada –, abriu a bolsa dela sem olhar para a bolsa, tirou o maço de cigarros sem olhar o maço de cigarros, fez assim (bateu na carteira de cigarros), o cigarro saiu; sem olhar o cigarro, pegou o isqueiro e, sem olhar o isqueiro, quando vai acendendo e olhando os olhos da professora, esta para e diz:

— A senhora sabe quem eu sou? A senhora sabe quem eu sou?
E a minha amiga disse:
— Claro, professora!
Ela disse:
— Então como ousa acender um cigarro sem minha permissão?

Se isso tivesse sido acertado no começo! Você veja: pedir licença para fumar é algo que está explícito numa mentalidade autoritária, obviamente que é. Agora, se se tivesse, no começo do curso, acertado que ninguém fumaria a não ser com permissão do grupo todo, não só da professora, claro que a minha colega devia ser admoestada. Mas não foi acertado isso, a professora fundou-se exclusivamente no próprio poder! Então a minha amiga se levantou, juntou tudo na bolsa de novo, e a professora disse:

— Para onde a senhora vai?
— Não, eu não podia ter exemplo melhor para o curso da senhora do que a senhora, mas eu não quero mais é o seu curso! — e se retirou e perdeu até um ano por causa disso, entende?

Quer dizer, eu acho que essa coisa é importante, é absolutamente fundamental. O político progressista que não respeita os níveis de conhecimento da massa popular: como é que você pode acreditar num cara desses? Eu não acredito de jeito nenhum! Então, essa coerência entre o que a gente diz e o que a gente faz precisa ser cobrada.

Eu te confesso, cobrada às vezes mais do que no nível mais individual da relação de um com outro. A minha coerência, por exemplo, entre eu e meus filhos, minha posição, minha relação com meus filhos, eu faço força para ser coerente com eles também, mas eu até que me aceitava ser incoerente com eles de vez em quando. Agora, o que eu não posso aceitar é a minha incoerência com a classe trabalhadora, com a massa popular. E nem com o educando com quem eu trabalho. Aí eu não aceito, eu me critico. Então, eu acho que você tem razão, isso deve ser uma exigência não para você cair na moral udenista que era o contrário disso, que é a hipocrisia. Não, isso não! Mas você ser cobrador, você exigir esse negócio e ser exigido também, eu acho fundamental. E eu não tenho dúvida nenhuma de que, no fundo, isso são qualidades, são virtudes que você, como educador, tem que ir forjando na prática. Essa qualidade da coerência, do respeito, você tem que aproximar, tanto quanto você possa, o seu discurso daquilo que você faz, quer dizer, o seu discurso da sua ação, tanto quanto possa. Fica só uma margem para você saber que não está coerente, e aí continuar brigando para ficar menos incoerente, e sem ficar doente também, sem se suicidar, se descobrir a incoerência. Eu acho que é fundamental.

Pedagogia da curiosidade:
O espanto

Oscar Jara (Costa Rica): Uma pergunta para o companheiro Paulo: muitas vezes vivemos uma preocupação sobre o nível de respostas a que podem chegar as nossas perguntas e temos uma angústia de que seguimos sempre tendo perguntas. Sobre essa questão: até que ponto é importante, nesse processo, encontrar respostas, e até que ponto é importante, nesse processo, encontrar novas perguntas?

PAULO FREIRE: Eu não tenho dúvida nenhuma de que no momento em que esgotemos a possibilidade de perguntar, estamos começando a nos imobilizar, e isso é um desastre. Eu acho que uma boa pedagogia é a pedagogia que tanto de um lado se joga no sentido de encontrar respostas adequadas, nunca "a resposta", tanto as perguntas, tanto uma pedagogia que se esforça no sentido de, aproveitando as respostas, descobrir a necessidade de novas perguntas. Quer dizer, a relação perguntar/responder, eu acho que é uma relação que compõe um processo dinâmico de conhecer, não há como comparar. O que a gente pode fazer é aprender a fazer bem as perguntas, quer dizer, isso aí é outra coisa, nem sempre a gente faz bem as perguntas, nem sequer à gente mesmo. Eu pego, por exemplo, como professor – não sempre, mas algumas vezes, com orientação de tese universitária eu já percebi –, os primeiros encontros, por exemplo, que o aluno, o candidato teve comigo, que ele não sabia ainda que perguntas centrais teria que fazer para escrever a sua tese. Então eu acho que fazer a pergunta em torno do objeto, em torno do real, é uma questão que, sendo metodológica, não é só metodológica, quer dizer, a pergunta é sobretudo a expressão da curiosidade e que eu acho que deveria ser estimulada constantemente, porque a pedagogia que a gente tem é uma pedagogia que desestimula a curiosidade porque ela vem sendo uma pedagogia mais da resposta, quer dizer, a gente responde a perguntas que não foram feitas.

O. J.: Então a curiosidade seria o fator dinamizador de qualquer processo de conhecimento?

PAULO FREIRE: Exato, exato. Você vê que a descoberta do mundo, a descoberta do real, a invenção, tudo isso está na raiz da curiosidade dentro do mundo. Quando você já não se espanta no mundo, você está morrendo intelectualmente. O espanto é fundamental.

*Ensinar a pensar certo se faz através do conteúdo:
Método dialético*

PAULO FREIRE: Uma questão que a mim me preocupa faz muito tempo e que possivelmente por deficiência minha, com relação a certa imaturidade intelectual minha... Em certos momentos da vida da gente, nem sempre se é maduro, se a gente já tivesse nascido maduro, era um negócio até estranho demais. Às vezes por imaturidade minha... O que eu quero dizer por imaturidade? Quero dizer por falta de desenvolvimento de certa capacidade discursiva do que eu pensava, e do que a realidade provocava em mim, quer dizer, uma falta de capacidade de descrever o fenômeno tal qual eu o vivia. Às vezes por incompetência de quem me lê, isso também ocorre.

Mas uma das minhas preocupações grandes, desde faz muito tempo, e que coincide com isto que tu dizes e apenas se omitem um pouco no meu discurso, quer dizer, em lugar de falar da preocupação com relação ao método, eu falava com relação a uma postura do sujeito, do sujeito cognoscente, do sujeito que conhece em face do objeto cognoscível, objeto a ser conhecido ou estando em processo de ser conhecido. Eu insistia muito numa coisa que eu chamava "a capacidade de pensar certo".

Eu acho que uma das tarefas fundamentais de uma educação que seja política, como qualquer outra é política, mas tendo uma opção política em favor das classes trabalhadoras, para mim, uma das preocupações de tal educação é exatamente a de possibilitar o exercício no ato de conhecer o mundo, de conhecer o real, o concreto, da vida social, de desocultar pedaços ocultados do mundo pela ideologia dominante. Eu acho que isso é na verdade uma tarefa fundamental, e a desocultação é exatamente o que eu chamo às vezes – ou resulta do que eu venho chamando – de pensar certo. Quanto mais a gente pensa certo, mais a gente se instrumenta para desocultar o que é ocultado pela necessidade fundamental que tem a classe dominante de ocultar. A ocultação da razão de ser da realidade não é feita porque o cara tem raiva física da gente doída. É porque há interesses econômicos, culturais, políticos, ideológicos que exigem de quem tem poder a ocultação da razão de ser do fato tal qual ele se dá, porque se desocultasse a realidade, se ela fosse sempre desnudada, então era difícil, era menos fácil, para a classe dominante mandar. Agora, esse pensar certo, o real, o concreto, hoje eu estou cada vez mais convencido disso, o exercício ou a pedagogia do pensar certo exigem certa mediação que é exatamente a mediação do conhecimento de certos conteúdos programáticos. O que eu quero dizer com isso é que você não ensina o menino, o adolescente ou o adulto a pensarem certo tomando o pensar certo como objeto do conhecimento para pensar certo, quer dizer, eu não sei se estou complicando muito a coisa, mas o que eu quero dizer é que você ensina o verbo, você ensina o adulto, como o adolescente, a pensar certo ensinando matemática, você ensina a pensar certo ensinando biologia, ensinando física, ensinando história, ensinando geografia. O que você dificilmente fará é ensinar a pensar certo pensando certo, tomando "pensar certo" como objeto cognoscível, entende? Aí é meio difícil, aí você corre o risco de cair numa baita abstração que termina negando o objetivo ou o sonho de pensar certo, porque você começa a pensar certo a partir de um objeto que está demasiado abstrato. Então, pensar certo exige a mediação de conteúdos, o que uma vez mais é uma ironia, porque um tipo de crítica que às vezes me fazem é exatamente a de um pedagogo que rejeita o conteúdo, e eu digo que jamais rejeitei o conteúdo. Pelo contrário, eu descubro que o conteúdo e a escolha do conteúdo, para quem e para quê é a questão. Eu tenho no conteúdo, portanto, na programação dos conteúdos programáticos, a mediação da pedagogia do pensar certo, quer dizer, da pedagogia crítica. Então, quando tu colocas a questão de método, eu aí vejo o seguinte, que o método é exatamente o caminho através do qual, pensando o conteúdo, eu penso certo. Então, é absolutamente fundamental, e o método aí como tu colocas é exatamente o método de conhecer e não o método de ensinar matemática. Isso é outra coisa que eu acho que precisa ficar muito claro para os educadores, é que você tem na formação do educador uma série de metodologias: uma metodologia do ensino da matemática, uma metodologia do ensino da história, uma metodologia do ensino da geografia etc. Aqui não, aqui a tua referência – eu diria no sentido bem amplo, o que te preocupa – é saber como é que substantivamente eu me aproximo do objeto. Essa é que é a questão. Para errar menos no processo na razão de ser do objeto. E aí eu concordo inteiramente contigo. Apenas eu faria uma advertência, não é advertência do homem mais velho não, eu sou da tua idade, sob o ponto de vista da cabeça, do coração, do corpo, do peito, eu reivindico minha mocidade, mas de chegada ao mundo, indiscutivelmente, eu cheguei bem antes de ti. Mas o que eu queria era dizer o seguinte: quando tu colocas a questão da metodologia, o meu chamamento é para que não pareça a um analista mais rápido – menos crítico, menos treinado com o que diz respeito à teoria do conhecimento –, que estarias propondo certa mitificação metodologista que envolveria um certo risco de caíres em exageros técnicos do ato de conhecer. Eu não, eu entendi a tua globalidade imediatamente, imediatamente eu me senti dentro dela. Interessante, em junho do ano passado eu estive em Cuba e estive uma manhã inteira com o pessoal do Ministério da Educação. Com o ministro, eu tive separadamente durante três horas, e eu estive com a liderança cubana que no momento discutiam a reformulação da educação em Cuba. Eu perguntava a eles:

— O que, que pontos de desafios vocês têm no sentido de superar o que já foi feito até hoje para fazer coisas diferentes? O que trouxe vocês a isso?
E a explicação era a seguinte:
— É que nós estamos descobrindo que fomos durante muito tempo intensamente tradicionais e autoritários na pedagogia.

O que, para mim, não está errado de jeito nenhum, porque a última coisa que uma revolução tem como último ponto de uma sociedade para, afinal de contas, entregar-se ao processo da radical transformação é a educação. As universidades e os ministros da Educação são os últimos baluartes que se democratizam. E levou tempo demais, Fidel deve ter falado anos, como falou, para que a educação cubana começasse a saber que é autoritária e tradicional. Mas agora sabe e não quer mais, não quer mais ser. O que eu acho é que a gente não tem no Brasil e nem saberíamos esperar trinta anos, eu acho que a gente já devia começar a brigar hoje para não ser tão reacionário e tão tradicional como a gente é ainda. E conversando, foi uma conversa excelente, uma equipe que me impressionou muito do ponto de vista da competência e da abertura, mas eu conversei com um dos cientistas, até o ministro é que o tinha convidado para colocar duas perguntas apenas. O ministro convidou um grupo de seis ou dez cientistas cubanos para fazer duas perguntas a eles: "O que vocês acham de ruim na educação chamada cubana e o que vocês sugerem para ficar menos ruim?"

Duas perguntas, e até os cientistas – físicos, matemáticos – diriam que a pior coisa da educação cubana é que ela era muito tradicional e autoritária. E a segunda coisa que eles achavam é que a educação cubana deveria insistir no sentido de ensinar o educando a pensar certo, a pensar criticamente. E eu me lembro de que a gente até discutiu essa coisa que eu fiz referência agora, da impossibilidade de ensinar a pensar bem, a pensar certo, fora: pensar certo é pensar dialeticamente, pensar contraditoriamente, pensar dinamicamente, processualmente. E eles me diziam: "Não, não. Evidentemente que a gente insistia que isso teria que ser feito através do ensino dos conteúdos."

Eu acho que isso tem uma importância enorme no trabalho lá em Brasília – e não só para você, não só para nós –, do ponto de vista da formação de lideranças revolucionárias de grupos populares. Se for possível, por exemplo, num curso sobre a realidade brasileira, desafiar o grupo de participantes e o próprio educador que está dando o curso a entenderem o que se passa... Eu não sei se vocês já repararam como a universidade brasileira mal ensina a ler livros, nem sequer a ler livro ensina. A universidade brasileira exige que o estudante leia, mas nem sempre os professores também sabem ler livros, mas dificilmente a universidade brasileira discute, por exemplo, o noticiário da TV Globo! O professor da universidade, seja da Unicamp, da PUC, da USP, acha que se ele trouxer um dia um vídeo com noticiário da Globo ele está vulgarizando, ele está diminuindo, ele está perdendo a rigorosidade da sua academia. E vale então dizer o seguinte: que no máximo a gente está exigindo que o aluno leia relativamente bem Gramsci, mas a gente não está ensinando o aluno a ler a realidade diária! A ler jornal, ler a televisão, ler a rua, ler a rua! A ler os sintomas, a ler os indicadores culturais.

Sabe que uma coisa que eu faço quando vou a um país estrangeiro, e toda vez que eu tenho tempo, é visitar um mercado popular, uma missa, um culto religioso, um estádio, um lugar aonde vai muita gente. E vou com um nacional para fazer minhas perguntas: por que essa mulher está vestida desse jeito, com esse véu? O que diabo é isso, por que ela faz aquilo?

É preciso que a gente leia os sinais que são políticos, ideológicos, que são carregados disso. Às vezes a gente não lê bem o jornal; a gente lê Gramsci, a gente lê Marx, entenda ou não, a gente dá a impressão de que entende, mas a gente não lê o que está se dando diariamente, a gente não interpreta o que o ministro diz. Um disparate, para nós, uma coisa absurda, mas na verdade não é, tem um significado! Lá dentro, o cara está dando o recado.

É nesse intuito que eu entendo o método, é nesse sentido que eu acho que, por exemplo, se você pode dar um bom curso de gramática da língua portuguesa, de sintaxe, de estrutura do pensamento, mas ao mesmo tempo – não é tanto dar nem entregar –, se você desafia o grupo proletário para entender o fenômeno da linguagem no sentido profundo dele, então amanhã ele pode operar naquele campo com mais facilidade do que hoje. Eu acho que é aí nesse sentido que te referes ao método de conhecer. Eu concordo contigo, a questão não é tanto empanturrar os alunos de conteúdos, mas é, sem negar a necessidade dos conteúdos, fazer o possível aos alunos, tratar os conteúdos de forma inteligente, de forma crítica, quer dizer: como é que eu apreendo para poder aprender! Ninguém aprende sem o apreender, e a apreensão é um problema metodológico, também é um problema político, ideológico, mas o ato de apreender tem a ver com um processo, com a caminhada que eu faço até o objeto. E há diferentes maneiras de nos aproximarmos do objeto, como há a maneira idealista de aproximação do objeto, uma maneira estruturalista, funcionalista, maneira dialética de nos aproximar do objeto para apreendê-lo. Então eu acho que a metodologia está metida em tudo aí, em tudo, tudo isso. Afinal de contas, ela instrumentaliza o sujeito que conhece, no sentido de ele decifrar ou desnudar o objeto que precisa conhecer. Eu concordo contigo. Desculpe que eu tenha feito um discurso tão grande para dizer que estou de acordo contigo. E eu que critico esses caras que, nos encontros internacionais, pedem a palavra para no fim dizerem: "Estou totalmente de acordo." Mas agora eu gostaria de ter dito isso.

"Só de onde eu estou eu vou mais além"

O ponto de partida para a prática educativa devia ser o nível de percepção do mundo que o educando tinha... Por exemplo, para mim, aqui, uma compreensão da mais valia teoricamente é altamente importante. Não há dúvida nenhuma que, no nível de abstração de que a gente é capaz e no nível do conhecimento que a gente tem de teórico sobre isso, é altamente importante que um grupo de proletário, não importa onde trabalhe, perceba criticamente isso. A questão que se coloca, porém, a nós, como educadores, é saber qual é a percepção disso que está sendo vigente e é, a partir, para mim, dessa percepção, e não da minha percepção, que eu coloco a questão como um problema. Então não é que eu tivesse jamais pretendido ficar entregue ao gosto do educando, mas o que eu sempre achei é que era impossível ir mais além a não ser do ponto em que eu estou, quer dizer, o processo de ir mais além implica conhecimento de onde eu estou, porque só de onde eu estou eu vou mais além ou mais aquém, nunca de onde eu não estou. O que acontece é que a percepção, em primeiro lugar, não é individual, a percepção é uma apreensão social do real. Em segundo lugar, a percepção é profundamente ideológica também, ela está contagiada de ideologia. Por isso mesmo a percepção é de classe. Em terceiro lugar, a percepção pode ser tratada, mas ela só é tratada a partir do ponto em que ela é, a partir do ponto em que ela está sendo e não do ponto em que ela não está sendo, porque aí ela nem sequer se percebe. Então eu acho que uma primeira coisa que o educador popular tem que fazer deste ângulo é ver até que ponto é possível fazer com que a percepção se perceba, o que vale dizer, possibilitar que o grupo de educandos perceba como percebe, e no momento que o grupo percebe como percebe, descobre por que percebe, como percebe. Ao descobrir como percebe, por que percebe, que pode perceber diferente. Seria um idealismo se, a partir daí, tu e eu disséssemos que chegado à percepção da percepção anterior que o engajamento da revolução se faz. Não. Pelo contrário, porque quando eu esclareço a percepção da minha percepção anterior eu posso crescer no medo, quer dizer, eu posso ter mais medo do que antes! E aí eu posso entrar numa faixa profundamente reacionária. Por isso é que um educador progressista é um homem ou uma mulher constantemente aberto ao risco, não importa se manter ingenuamente do meu lado, a não ser que a guerra seja depois de amanhã, mas se não for depois de amanhã eu preciso te esclarecer, correndo o risco de que tu me largues. Eu acho que esse critério de verdade é de uma exigência enorme na revolução, enorme, eu acho que em tudo, na relação individual também. Então como a percepção está muito condicionada, totalmente condicionada pela prática, então a prática de um bancário não é a prática de um metalúrgico, como não é a prática de um assistente social. Então o que acontece é que, para cada tipo de prática, o educador deveria ser um pouco advertido pelo menos com relação aos conteúdos dessa prática, possíveis provocadores de determinado tipo de percepção. Não estou propondo que a gente catalogue, que ponha num computador, mas eu acho que a gente tem que estar advertido.

Por exemplo, o que tu como educadora farias provocando um bancário tu não podes necessariamente fazer provocando um grupo de metalúrgicos e vice-versa. Agora, evidentemente que a tua postura dialética é a mesma diante dos dois, mas os caminhos de explicitar a tua dialética são caminhos outros, são diferentes.

O. J.: Vou aproveitar esta extraordinária oportunidade de estar aqui neste momento em que o Instituto Cajamar está tentando uma reflexão muito similar àquela que nós, da América Central, estamos tentando fazer, pelo menos na educação política, e tendo a excelente oportunidade de estar com o companheiro Paulo Freire, que é principal responsável de nos metermos nessa aventura da Educação Popular e que agora não podemos mais sair dela... [risos]

Eu queria colocar, sobre os elementos que foram tratados ontem, hoje e agora, uma preocupação em termos do nosso trabalho de formação metodológica que é muito forte, que é o problema da compreensão mecânica, da relação prática-teoria-prática e não a compreensão como relação dialética: Eu acho que muita da responsabilidade nessa compreensão mecânica também nos corresponde a nós mesmos, porque no propósito de operacionalizar uma concepção metodológica geral, que está num processo de desenvolvimento, tentamos propor um método concreto de trabalho, por exemplo, para fazerem um quadro de planejamento da atividade educativa, e colocar alguns critérios mais concretos para sua operacionalização. Então resulta que fica muito mais claro a operacionalização técnica do que se pode fazer com uma perspectiva dialética, que seu fundamento filosófico e a teoria que está atrás dessa operacionalização. Acho que essa pergunta "como partir da prática, como teorizar, como voltar à prática", muitas vezes se coloca só em termos de sua operacionalização prática, técnica. Mas a questão de fundo é que não é um problema operativo, o problema é muito mais profundo: é a compreensão da teoria dialética do conhecimento e a apropriação de uma visão dialética da relação prática-teoria.

Ontem falávamos de que não podíamos entender que a prática era nesses cursos, a prática das pessoas que vêm aos cursos e que a teoria era o curso, quer dizer: identificação entre curso igual à teoria, prática igual à vida fora do curso. Acho que isso não é certo, não é correto, porque o problema de entender o que é a prática como prática social histórica e que tem muitas manifestações na nossa vida cotidiana, que têm de ser aprofundadas para compreender e atuar sobre a vida cotidiana, coloca, às pessoas que tentam fazer cursos, esse desafio: como fazer cursos que façam parte de um processo teórico-prático permanente? Acho que essa seria a expectativa principal: como os cursos, os cursos daqui ou da América Central, fazem parte de um processo permanente teórico-prático? O que quer dizer isso? quer dizer que compreendemos que o momento de teoria, de produzir teoria, de teorizar, não se faz só nos cursos. Não é que temos cursos que fazem um ou dois momentos da teorização, mas que em todo o nosso processo de formação, em nosso próprio trabalho cotidiano, devemos permanentemente fazer processos teórico-práticos, processos críticos de reflexão e ação, além dos cursos.

Vou passar rapidamente por três ideias. A primeira que seria essa, pegando a necessidade da formação metodológica que tem que se fazer necessariamente através do tratamento dos conteúdos. Os conteúdos saem dessa prática e não temos possibilidade, não seríamos coerentes se fizéssemos um processo de formação metodológica afastado do tratamento dos conteúdos que vêm da própria prática. Então, acho que o objetivo na formação metodológica é exercitar a capacidade de teorizar. Isso significa a capacidade de produzir teoria, de dialogar com a teoria também.

Qual é o problema quando, num curso, nós rejeitamos isso de "pacote pronto" ou de "conceito pronto" e muitas vezes se coloca como um grande desafio, que não se trata de produzir um falso diálogo para logo colocar nele um conceito que já está pronto. Isso é uma compreensão não dialética da teoria que pensa que a teoria já seria acabada, então, como a teoria está acabada, então não temos mais necessidade de produzir teoria... Acho que o conceito mais revolucionário, mais radical em nossa proposta que está aqui em discussão, é uma proposta metodológica dialética, é precisamente o esforço de fazer dos processos organizativos um espaço para a construção da capacidade do povo de construir, de produzir teoria, que não significa produzir tudo do zero, que não significa negar a teoria já existente, a teoria acumulada historicamente, mas que significa tentar ligar a produção das nossas teorizações próprias com a teoria já existente para produzir novas teorias, novos elementos teóricos que respondam as necessidades atuais da nossa transformação. Essa seria a primeira ideia. A segunda coisa, gostaria de colocar como uma imagem física: se fala muito de que uma pessoa que possui muita teoria é uma pessoa que está lá em cima, então ela tem que "descer" à prática. Isso mostra uma compreensão que fisicamente expressaria a ideia de que a teoria é algo que é afastado da realidade quando, pelo contrário, teorizar é aprofundar nas determinações não visíveis da nossa vida cotidiana para entender essas determinações que nos permitem explicar coerentemente, sistematicamente, cientificamente que o que se passa nessa realidade cotidiana onde tudo é tão caótico, complexo e misturado. Poderíamos falar, então, de "descer" a teoria... o esforço de conceitualização, de teorização é o que vai nos permitir voltar novamente sobre a superfície da complexidade dos fatos que se dá na nossa sociedade para se ter melhor compreensão deles e então ter melhores elementos para sua transformação. Claro que essa relação dialética entre compreensão e transformação também muitas vezes se faz de maneira mecânica: "Agora no curso vamos ver a compreensão, depois, quando chegarmos à prática, é o momento da transformação." Não! É no momento de fazer o esforço de transformar onde nós podemos ver se nosso conceito corresponde ou não corresponde às necessidades de compreensão dessa realidade concreta ou se precisamos de outros conhecimentos. Eu acho que temos que ver não mecanicamente, mas dialeticamente, essa relação entre compreensão e transformação. Voltando à outra ideia, falamos de partir da prática: colocamos o problema da relação sujeito-objeto. Muitas vezes nós colocamos como se estivéssemos fora da prática, então o objeto da análise está fora e nós somos sujeito de análise externa dessa prática que fica longe. Assim, pensamos sem uma compreensão dialética de que nós somos parte dessa própria prática, parte vital, integrante, ativa, dinâmica dessa prática social, nós somos parte da prática social. Então quero dizer que a gente se converte em sujeito e objeto de investigação, de conhecimento, de transformação. Para mim, pessoalmente, acho que esse é o sentido mais profundo da individualidade. Quando se fala de problemas individuais, pessoais, de organização, coletivos etc. é que todas são dimensões da prática, significa que nós somos sujeitos e objetos dessa sociedade e que temos que ser sujeitos e objetos de compreensão, nós temos que compreender nosso próprio papel, mas não isoladamente, mas dentro dessa divisão global da prática. E se nós falamos de transformar a sociedade, temos que falar também daquela dimensão de transformar a nós mesmos nesse processo. Acho que tudo que se falava da formação, criação de um homem novo e mulher nova etc., tem que ver diretamente com essa compreensão dialética de que é a prática social na qual estamos engajados e da qual formamos parte.

Como isso se trabalha num programa de educação, em um curso sobre História, Economia, classes sociais? Tomando como critério de que se tudo isso é a prática social para esse curso específico, com esses participantes concretos, nesse momento particular, vamos pegar uma porta de entrada, um ponto de entrada a essa globalidade que tem que ser um ponto de entrada próximo, um ponto de entrada que seja feito a partir, como você disse agora, daquela percepção que o grupo tem do conteúdo que está como objeto de análise nesse momento. Por isso é que quando se fala do ponto de partida de um curso não é só a descrição do conteúdo, senão também como cada pessoa percebe, como cada pessoa vive, entende, se pergunta sobre a economia, sobre a História, sobre a organização, sobre as classes sociais... Isso tem que ser necessariamente o ponto de partida. Então, como Carlos Núñez [Hurtado] dizia de manhã, temos diferentes níveis, de acordo com os níveis de teorização que já existem no grupo. Então, dialeticamente, o ponto de partida da prática vai ser partir da teorização que já temos. Acho que esse é um elemento muito importante.

Outra coisa é que, pegando a famosa frase de Lenine em *Cadernos filosóficos*, que fala mais ou menos assim: "Desde a percepção viva ao pensamento abstrato e dali à prática, esse é o caminho da teoria dialética do conhecimento." Acho interessante que ele fale de percepção viva, que não é a percepção só intelectual, não é a percepção só sensível, se não a percepção que temos de todas as dimensões da nossa vida, que é o ponto de partida para o pensamento abstrato o qual é a base para um processo de abstração que vai voltar à pratica, não volta à percepção viva, volta à prática mais geral, tentando fazer uma coerência entre o discurso e a prática transformadora. Por exemplo, sobre o tema História, partimos daquela percepção viva que os grupos têm sobre esse conteúdo a atingir para, através disso, organizar um processo sistemático de teorização, de construção de conceitos e estamos também exercitando nossa forma de pensar dialética e não formal. Acho, por exemplo, que partindo dessa forma de pensar, a forma de exercitar do nosso pensar vai ser totalmente diferente ao de uma simples visão cronológica da História. Quando falamos de trabalhar dialeticamente o tema de História, desenvolvemos a capacidade de pensar dialeticamente. Acho que por aí é uma grande questão que tem a ver com aspectos técnicos criativos, mas que tem que ver principalmente com a coerência da aplicação dessa concepção.

Só mais uma coisa sobre o aspecto da volta à prática: esse processo da percepção viva e o processo de teorização, e daí à prática, não significa que a volta à prática, num curso, por exemplo, acaba no momento em que saio do curso – nem começa aí tampouco. Porque a volta à prática pode ser feita no mesmo processo de teorização para avançar na atuação. Tomo como exemplo o projeto da semana passada: num momento em que estávamos tentando declarar a relação conceitual entre processo de formação e processo de organização, havia uma discussão sobre a especificidade. Se é um processo integral, qual é a especificidade da formação? Conceitualmente, não tínhamos como esclarecer isso. Então voltamos à forma mais elementar da prática, dando um momento de maior conceitualização, voltamos no processo ao depoimento desse problema de formação/organização como se viveu em nossa experiência social. [nomes de duas pessoas] poderiam nos contar o processo de formação.

Então voltou-se à prática mais [trecho inaudível] um depoimento como um momento para avançar na discussão da conceitualização. Não é como uma coisa mecânica que tem três momentos: aqui se acaba, a partir da prática, aqui se acaba a teorização, aqui começa e volta a prática. Eu me sinto responsável porque, muitas vezes, tentando operacionalizar esta concepção, temos alguns momentos que podem ser manejados mecanicamente. E aí eu tenho uma resposta clara de como fazer coerentemente um processo que garantisse que isso não se dá. E a última questão seria isto: então, admitindo que toda a nossa vida social é prática e que a teorização é algo permanente de compreensão e organização dessa prática, quer dizer que todas as dimensões dos processos organizativos dos cursos etc. têm que ter uma coerência, uma articulação sistemática. E aí vêm todas as perguntas e observações que foram feitas ontem à tarde quando se colocava: qual é a coerência do programa de formação Cajamar, qual é o nosso processo de organização, qual é a coerência entre o processo do Cajamar com o processo do sindicato, da CUT etc.? Esse planejamento de uma estratégia político-pedagógica ou estratégia organizativa no qual se colocam processos educativos particulares. Essa pergunta atinge toda essa dimensão, dimensão da coerência de como responder às necessidades práticas imediatas dentro de uma perspectiva de construção do movimento popular e construção de um projeto político. Então este problema de coerência atravessa todas as dimensões de nossa vida e aí, portanto, tem imputado o problema da coerência do nosso comportamento pessoal na questão fundamentalmente política. Mas é política no que tem a ver com a minha inserção num processo social. Aquela questão do afetivo não é, para mim, uma coisa individual, é uma questão que tem a ver com a minha relação pessoal com o conjunto, uma relação também dialética. Mas esta busca da individualidade e da coerência é um desafio fundamentalmente para nós, se tentamos fazer processos de formação metodológica. Qual é a coerência de nossa própria vida? Qual é a nossa relação com nossos fins organizativos quando falávamos da necessidade de organização? Qual é a relação de coerência em nossa vida pessoal, em nossa família, no comportamento com os outros companheiros?

Como vivemos isso? Quais os desafios que colocamos pessoalmente também?

Então a integridade de cada ação, a garra ou o desejo, ou seja, aquilo de que falávamos no curso entre a lucidez e a paixão – dois elementos integrantes de qualquer perspectiva transformadora, mas que tem que ser vista com autocrítica permanente e com um processo de construção de nós mesmos. E eu não acho que é possível formar essas qualidades. Elas têm que ser formadas em um processo. Não é assim: "Vamos fazer agora um curso para formar a qualidade do [fala o nome do alguém]." Não. Esse curso de ética depende da forma como você articula o curso com a vida, a relação com os participantes, as qualidades postas em prática e os processos que necessitam de crítica. Sempre. E muitas vezes é implacável em relação a nós mesmos, a nossas permanentes incoerências. Acho que este problema da integralidade e da incoerência é o nosso principal desafio: ir contra uma visão mecanicista, em direção à prática da dialética da formação.

Entrevista a Antonio Monclús*

Pedagogia da contradição, uma nova abordagem para a educação de adultos: Considerações teóricas

Antonio Monclús: A primeira pergunta que quero fazer, em parte, por necessidade resultante de minha experiência, é uma coisa bastante global, o tema da educação para adultos nos países industrializados, mais especificamente, na Espanha. Quero dizer, em seus livros, esse tema está muito claro enquanto experiência de alfabetização no meio rural etc., mas como você vê a prática dessas coisas em um contexto diferente?

Paulo Freire: Uma coisa interessante de se observar, Antonio, é como nos dois contextos há coisas que, por exemplo, no contexto A, são negativas, e, no contexto B, há um caráter positivo em relação à mesma coisa e vice-versa. Vamos pensar

---

* Publicada originalmente em MONCLÚS, Antonio. *Pedagogía de la contradicción: Paulo Freire. Nuevos planteamientos en educación de adultos*. Barcelona: Anthropos Editorial, 1987, pp. 148-200. Tradução de Ana Luiza Libânio.

concretamente nisso, em certo contexto latino-americano – e falo incluindo a América Latina hispânica e a América Latina brasileira –, e em certo contexto latino-americano rural ou urbano, certo contexto onde o desenvolvimento das forças produtivas, do ponto de vista capitalista, não importa, ainda não decolou. Mas há algo que, por um lado, cria um obstáculo para a compreensão dos grupos populares, das classes populares, a compreensão de sua dor, e também há algo no processo de desenvolvimento das forças produtivas que desafia, que desperta a compreensão das massas populares inseridas nesse contexto hipotético para uma compreensão da dor para além de pura compreensão comum.

Essa é uma hipótese que há sobre lugares na América Latina, Brasil, cujas massas populares vivem nessa situação; isto é, têm, vivem, uma situação socialmente dramática, mas têm certo ritmo socioeconômico e a prática social permite que tentem enxergar além de apenas ver o problema no qual se encontram enredados. Mas há também áreas latino-americanas, portuguesas, brasileiras, hispânicas em que o nível de tudo, o nível da experiência dramática, da miséria, não permite que as massas populares que ali vivem possam se distanciar o mínimo da realidade objetiva da miséria asfixiante para repensar sua própria rotina como um desafio. Em outras palavras, são áreas – posso te mostrar áreas assim em São Paulo –, imagine São Paulo, em que a convivência, digamos, do povo, no sentido vago dessa palavra, em que a experiência de sofrimento do povo é tão profunda e tão ampla que não podem sofrer ainda mais. Não sei se minha linguagem está muito paradoxal, mas é uma coisa dialética.

A.M.: Isso me faz lembrar a lei de Weber-Fechner, do limiar da sensação, em que abaixo ou acima de determinado nível de sensação é impossível sentir menos ou mais, ainda que os estímulos sejam diminuídos ou aumentados, respectivamente. Seria algo assim.

PAULO FREIRE: Seria algo assim, ou é algo assim. A convivência com a morte, por exemplo, em certo sentido, anestesia a dor. Darei um exemplo concreto que, para mim, é bonito em sua tragédia. Ocorreu que minha mulher, não "minha mulher", Elza, Elza morreu e a filha, perdoe-me a falta de modéstia, uma grande educadora, Madalena, veio correndo com o marido e as quatro filhas para esta casa, onde você está hoje, e ficaram aqui por 22 dias dando e recebendo força. Por isso, ela não foi à favela. Depois você traduz isso. Qual era mesmo a palavra?

A.M.: *Chabola*, sim.

PAULO FREIRE: Ela não pôde ir à favela onde trabalha com um grupo grande de crianças, onde aplica um pouco de Piaget, um pouco de Vigotski, um pouco de Paulo Freire, e muito de ela mesma. Não pôde ir por 22 dias, e dois jovens formados por ela ficaram trabalhando com as crianças. Quando voltou ao trabalho, foi recebida quase com uma festa. Mas a tragédia está nas duas coisas que vou contar agora: a primeira é que todos, as crianças, os pais e as mães, disseram-lhe, muito carinhosamente, que nunca poderiam ter imaginado que a simples morte de uma mãe pudesse causar tanta dor; e a segunda coisa que disseram foi uma pergunta, e foi a seguinte: Madalena, você ainda gosta da gente, mesmo depois de sua mãe ter morrido?... Veja, Antonio, isso tem a ver com a tentativa de interpretação teórica que eu estava fazendo antes. Quando todas essas crianças, mães e pais disseram a Madalena que nunca haviam pensado que a simples morte de uma mãe pudesse provocar tanta dor, isso não significa que todas essas crianças, mães e pais sejam insensíveis, não significa que eles, "essa gente", como dizem os reacionários, os elitistas, que "essa gente" não tenha capacidade de sofrer, que perderam a sensibilidade. NÃO, "essa gente" tem que sofrer diferente, porque o sofrimento também é de classes sociais ou, pelo menos, a expressão do sofrimento, a maneira como eu vivo minha dor não pode ser igual à maneira como um trabalhador de São Paulo ou de Madri vive sua dor. Se eu fosse trabalhador em uma fábrica de São Paulo, teria dois dias de luto e dois dias depois eu iria trabalhar ou perderia o emprego, e eu não poderia perder o emprego, porque sem ele não poderia viver no mundo, então eu teria que ir..., mas, como eu sou professor universitário, todas as pessoas, não somente meus amigos, entenderam que eu podia sofrer. Portanto, eu diria agora, entre parêntesis, que uma das razões pelas quais luto – não diria tanto, porque, no fundo, luto pouco –, mas uma das razões pelas quais luto, venho lutando um pouco na vida, ao longo da vida, é exatamente para que nossos povos, não as classes ricas do nosso povo, porque essas já sofrem, já têm o direito de sofrer, então, uma das razões para minha luta é para que os grupos populares de nossos povos, as massas populares, as classes trabalhadoras, não somente sofram, mas também que tenham o direito de sofrer, de expressar sentimentos.

A.M.: Sim, penso que tem razão, a profundidade desse tema deve ser essa.

PAULO FREIRE: Mas voltando, agora, à questão teórica que eu queria desenvolver, há comunidades enormes neste país e na América Latina hispânica que estão nesse processo, nesse momento histórico, social e político, sofrem, mas não podem sofrer. Isso significa, então, que há preponderância, e eu gostaria que as pessoas que depois me lerem, através de você, entendam que não estou nos menosprezando, homens e mulheres, mas sim que estou dizendo que nesse nível de existência trágica, nossa experiência de homens e mulheres é mais "paravegetativa" que histórica, parece mais uma experiência vegetativa que histórica. Eu gostaria de enfatizar, não estou dizendo que homens e mulheres frente a essa situação trágica sejam bichos ou árvores, não, não é isso, eles continuam sendo homens, continuam sendo mulheres, continuam capazes de acordar, capazes de se libertar, capazes de lutar, mas, neste exato momento, há muito mais, adaptação, acomodação, vegetatividade, se é que posso criar essa palavra, do que história. Isso não significa que não haja história, esses grupos populares estão imersos na História e são objetos da História por parte de quem pode fazê-la, a questão é que um dia precisam romper com isso e assumi-la, e assumir sua própria história.

A.M.: "Assumir sua dor é assumir sua história também..."

PAULO FREIRE: Claro, o que estou tentando esclarecer é que nesses níveis de sofrimento e de exploração é muito difícil saber a causa da dor mesmo, mas encontramos, nesse nível, discursos muito lindos sobre a dor. Um dia vou te enviar uns discursos lindos que uma grande amiga pesquisou e hoje estão publicados em um livro. E você verá exatamente o que te digo, uma comunidade, a mesma onde Madalena trabalha, leem os discursos das mulheres com quem Madalena trabalha hoje. E são discursos muito bonitos que descrevem a dor, mas dificilmente aparece nesses discursos um momento de reflexão crítica sobre a causa da dor. Por exemplo, dizem sempre que mudamos de um lugar para outro lugar, mas nunca dizem, ou nunca falam do motivo da própria mudança demográfica no país. Vão como se fossem empurrados de um lugar a outro lugar como se o empurrão fosse a vontade de Deus, não são capazes de assimilar o mecanismo social das relações entre classes dominadas e classes dominantes em um mercado capitalista e semicapitalista que empurra os grupos populares de um lugar a outro lugar do interior, do Nordeste, até a cidade grande, onde se perdem quando chegam.

A.M.: Como no caso desta espécie de monstro que é São Paulo, onde estamos.

PAULO FREIRE: É isso aí. Neste nível, não é fácil saber a causa do que acontece. Tudo isso responde a sua pergunta. Veja, a outra possibilidade de tipo histórico que você encontra em certos momentos se dá nas classes trabalhadoras, ainda que sendo bombardeadas por todos os mecanismos da modernidade tecnológica, bombardeadas de ideologia dominante, através da televisão, através do rádio, através de revistas, através dos anúncios luminosos, brilhando em uma cidade como Madri ou em uma cidade como São Paulo, ou como Nova York, ou uma cidade como Paris. Você percebe, em certo momento, que as forças produtivas, não importa que seja do ponto de vista capitalista, alcançaram um nível tal que essa compreensão sensível da dor começa a ser socialmente superada por uma compreensão mais histórica, mais crítica da dor. Isso começa a acontecer nos centros urbanos, onde uma classe trabalhadora começa a fugir de sua dor para compreendê-la; aí você então compreende, por exemplo, a força da luta sindicalista, mas, ao mesmo tempo, você percebe dialeticamente como um passo maior dado pela classe trabalhadora corresponde a três passos maiores da classe dominante.

A.M.: Tudo isso vai na linha da opacificação da realidade, de que você tem costume de falar, não?

PAULO FREIRE: Sim, no momento em que a classe trabalhadora conhece um pouco da causa de sua exploração, a classe dominante descobre quatro novos avanços tecnológicos para ocultar, para opacificar a realidade social, política e econômica. Quanto mais a classe dominante opacificar a realidade, menos a classe trabalhadora poderá continuar a descobrir as causas da maldade intrínseca do próprio capitalismo. A opacificação, que é a ideologização, não é algo abstrato, é algo absolutamente concreto. A ideologia é concreta, e a ideologia pesa, pode-se dizer que você tem três quilos de ideologia, e que a ideologia não é simplesmente uma ideia. A ideologia é algo muito material, muito concreto. A opacificação da realidade significa uma série de medidas que as classes dominantes também tomam em nível concreto, econômico, por exemplo, há empresas na Europa que eu não seria capaz e nem é o caso de citar, e também no Brasil, que contratam trabalhadores em áreas devastadas social e humanamente, existencialmente, e os capacitam desde criança, capacitam as crianças de escolas primárias e depois de escolas de ensino médio, e vão levando-os. Levando, até que de lá tiram seus bons trabalhadores qualificados, mas cheios de opacificação. Quanto mais a realidade da consciência é opacificada, mais se opacifica a consciência dessa realidade.

Esse me parece ser um nível com todas as ambiguidades que se possa encontrar em Madri, mas que também pode ser encontrado em São Paulo, mas provavelmente você o encontrará em algum lugar ainda rural na Espanha, em muitos locais rurais de Portugal, da Itália, pode ser que você encontre os outros dois, os outros dois momentos sobre os quais falei, não te garanto, mas acredito que pode encontrar, não com a intensidade, a expressividade que encontramos na América Latina hispânica e portuguesa.

A. M.: Poderíamos dizer, em síntese, que a educação para adultos faz sentido ou faz bem para aqueles que estão sofrendo tomarem consciência de sua situação de dor, por exemplo, as massas populares, na América Latina, ou para tomar consciência da dimensão histórica que essa dor tem como grupo social, nos casos em que, por exemplo, nos países industrializados, os trabalhadores não vivem, aparentemente, "tão mal".

Paulo Freire: Exato. Para mim, é corretíssimo. Agora, isso é o que vai provocar diferenças de posição e posicionamento dos educadores e das educadoras como pessoas políticas e também diferenças metodológicas de trabalho. Acredito que podemos notar diferenças, por exemplo, ainda que São Paulo seja um grande centro modernizado, capitalistamente falando, e em certos aspectos é como Madri; não diria, no entanto, que há a mesma condição, do ponto de vista dos trabalhadores, entre São Paulo e Madri. Temos aqui provavelmente mais gente no primeiro nível do que eu falava do que no segundo, mais difícil, submerso. Provavelmente temos mais gente em São Paulo no primeiro momento em que falei do que em Madri, que tem mais gente no último momento, que é também muito perigoso, porque quando uma classe trabalhadora vive durante anos uma modernização capitalista que determina em grande parte, sem colocar demasiado em dúvida os valores acomodativos, burgueses, semiburgueses e pequeno-burgueses do desenvolvimento capitalista, acaba sendo assumida. Então isso é um grande risco, por exemplo, um lugar na Europa onde se encontra isso muito mais do que na Espanha é a Suíça. Além disso, acredito que, quando alguém pensa na Espanha, tem que pensar singularmente. A Espanha é singular, é uma rebeldia quase ontológica, é como se fosse parte da natureza, mais do que da existência geográfica da Espanha, gerar seres rebeldes. Essa rebeldia na arte, rebeldia na criatividade, rebeldia normal de uma pessoa hispânica..., não há dúvida alguma, nesse sentido, tenho imenso carinho pela Espanha, pelo que ela me ensina sobre rebeldia.

A.M: De qualquer forma, talvez você tenha, nesse ponto, uma ideia exagerada sobre a Espanha, pois também há muito conformismo em todos os âmbitos.

PAULO FREIRE: Penso que um ser humano, quando já não se rebela, não pode mudar definitivamente. Mas voltemos à Suíça. Eu me lembro, Antonio, de quando morei na Suíça, um dia li uma nota oficial de um sindicato de construção pedindo ao governo suíço que expulsasse da Suíça os trabalhadores espanhóis que foram para a Suíça e criaram a desarmonia entre capital e trabalho.

Esse é o risco, o risco histórico de que não estou muito convencido que Marx teria avisado. Acredito que não, eu acredito que Marx apostou muito em sua afirmação anterior de que a classe trabalhadora seria como um coveiro da classe capitalista, e me parece que isso inclusive levou alguns marxistas a uma postura mecanicista, mais mecanicista que dialética.

E por isso me parece que em certo momento do desenvolvimento das forças produtivas, da modernização capitalista, a transformação fundamental da sociedade é mais difícil. Parece-me, inclusive, que historicamente estamos vivendo isso; a revolução soviética aconteceu na Rússia, que não é o Brasil de hoje, a revolução chinesa aconteceu em uma China que não é o Brasil de hoje, a revolução cubana aconteceu em um país que não é o Brasil, a revolução nicaraguense aconteceu em um país que não é São Paulo, nem sequer Brasil. Eu penso que quanto mais o desenvolvimento tecnológico com o qual o capitalismo vem trabalhando aumenta, menos facilmente acontecerá um tipo de organização transformadora radical da sociedade. Mas, por outro lado, porque a coisa é dialética, quanto mais a sociedade capitalista burguesa se incrementa, modernizando-se, mais deve começar a ampliar os espaços democráticos, que passam a ser mais ocupados pelas massas populares do que antes. A própria democracia burguesa começa a viver contradições cada vez mais difíceis, e então me parece que o que pode ocorrer é certa mudança de qualidade histórica da transformação, que não é, necessariamente, por via armada, mas é necessariamente conflituosa.

Até hoje, na História, nunca houve um encontro, ou como eu disse na *Pedagogia do oprimido*, não há diálogos entre antagônicos. O encontro entre antagônicos é sempre conflituoso, podendo haver, no entanto, momentos de pacto entre eles. Agora, acho que levantamos novamente um lado de sua questão, que, no fundo, Antonio, é a mesma questão levantada da seguinte maneira: qual é, afinal, o papel da educação, e vamos tirar o adjetivo "para adultos" ou "popular"? Qual é mesmo o papel da educação? É possível a educação fazer uma transformação radical da sociedade?

A.M.: Certamente, o problema, em nível mais amplo e concreto, está voltado à educação em geral, ao sentido, à própria função da educação.

Paulo Freire: Eu diria – e já disse e escrevi muitas vezes – que, para mim, a situação sistemática, na medida em que ela é subsistema de um sistema maior, que é a própria estrutura de poder da sociedade, pode ser a alavanca de transformação. Mas, e isto é muito bonito, nessa compreensão da tarefa da educação, quando se pensa nisso, descobre-se finalmente que a educação, a rede escolar de qualquer sociedade explica a estrutura do poder, o desejo de poder, o projeto, o sonho de poder; não há educação no mundo, nem nunca houve, que não tenha sido assim. Daí a politização da educação. No momento em que descobrimos isso, fazemos algumas outras óbvias descobertas. Quando isso se torna verdade, notamos que há impressa na própria prática educativa sistemática uma tarefa que não precisa de muita explicação; uma tarefa que o poder espera que seja cumprida.

Qual tarefa é essa? É a tarefa de, através da educação, reproduzir a ideologia que sustenta o poder, mas o que às vezes as teorias da reprodução disseram é que se essa é a tarefa que está substancialmente impressa, localizada, ligada à prática sistemática da educação; há, porém, outra tarefa que, se não existisse, não entenderíamos a primeira. A segunda tarefa não é esperada, nem amada, nem querida pela classe dominante; a segunda tarefa é a tarefa de desmistificar a primeira. Essa segunda tarefa só pode ser desenvolvida por educadores e educandos que façam uma escolha crítica progressista.

A.M: Isso é muito importante, porque quando eu, por exemplo, falo nos temas da reprodução, dos clássicos, Bourdieu etc., sobretudo quando estamos terminando de expor toda a análise, automaticamente uma grande parte dos alunos sempre diz o mesmo: o resultado é radicalmente pessimista.

PAULO FREIRE: Exato, é.

A.M: Mas é porque falta essa segunda dimensão.

PAULO FREIRE: Sim, falta essa segunda dimensão. Veja, essa segunda tarefa não se forma para o corpo de objetivos do sistema dominante. Por quê? Porque é exatamente seu oposto, essa segunda tarefa só existe porque a realidade é contraditória. Se a realidade fosse unilinear, certa, homogênea, não existiria nem sequer possibilidade de libertar-se, porque não haveria diferença nenhuma entre opressão e libertação. Essa segunda tarefa só existe porque há uma contradição, e nós temos não somente que a compreender, mas também que a assumir. Então, caberá a nós, educadores e educadoras de opção revolucionária, ou, sejamos mais humildes, de opção progressista, não somente aceitar entrar no corpo da escola pública, mas também lutar para entrar, no sentido de levar a luta para dentro do corpo. Claro que, por essa razão, sempre digo aos educadores, os professores não são missionários, são políticos, são profissionais, e, como tais, devem lutar por salários menos imorais. Mas também sei que digo a meus companheiros que é necessário lutar também além da questão do salário; não devemos cair no economicismo que Lenine criticou, devemos ir além, além da luta puramente. Inclusive discordo quando se diz que os sindicatos são sindicais e que a luta do sindicato é uma coisa e a luta do partido é outra,

NÃO. O sindicato é político também. Acredito que essa separação serve a uma esquerda autoritária e serve à direita. Toda dicotomia entre a atividade política geral do sindicato e a defesa salarial é sempre útil a uma esquerda autoritária e a uma direita.

A.M.: Mas é uma dicotomia muitas vezes generalizada, como você sabe.

PAULO FREIRE: Penso que um homem e uma mulher realmente progressistas não podem aceitar essa dicotomia. Por isso mesmo é que digo sempre aos sindicalistas que não se deve lutar somente por melhores salários, deve-se lutar pelas melhores condições de ser, para serem educadores no sentido de aguçar a contradição entre nós e o poder. Porque o governo burguês tenta juntar, já quase inventaram um dispositivo tecnológico para juntar neblina, eles estão quase inventando um dispositivo tecnológico para reunir névoas no espaço e colocá-las sobre a realidade, para opacificar ainda mais. Enquanto isso é feito cientificamente, deve-se lutar para desopacificar a realidade, e aí se destaca a diferença entre um e outro. E agora, voltando novamente para a primeira pergunta, ressalto a importância de que na Europa se chame educação para adultos, na América isso já não faz sentido. O conceito foi superado nos anos 1960. Inclusive falei muito de educação para adultos, mas agora houve uma evolução conceitual que tem a ver com a transição com a política, com a compreensão de fases políticas, econômicas da América Latina. Hoje em dia, na América Latina toda, você vai encontrar "Educação Popular" com um significado político-revolucionário que a educação para adultos já teve também na América Latina, e que deixou de ter também porque era progressista.

A.M.: Em todo caso, e certamente na Europa, ainda se fala em educação para adultos.

PAULO FREIRE: Hoje em dia, na Europa, ainda se fala muito de educação para adultos, mas chamam de educação para adultos ou Educação Popular, não tenho dúvida alguma de que, em qualquer dos três momentos dos quais falei, cada um tem suas vantagens e dificuldades. Vou te dar um exemplo agora – e peço muitas desculpas aos leitores desta conversa e a ti por citar minha filha Madalena mais uma vez. Nessa escola popular, populariíssima, em que está trabalhando há dois anos e fazendo a mesma coisa que fiz quando trabalhei com crianças que se vestiam e comiam, ela me disse, semana passada, que um dia chegou à escola uma senhora com a neta, muito linda, mas muito suja. Ela tinha todo o corpo preto, marrom, de barro, o nariz sujo de catarro, e se lambia... Bem... e Madalena fez uma coisa que penso ser fundamental, como postura política. A mulher veio e disse a Madalena que queria uma bolsa de estudos para a neta, pois naquela escola popular se paga um mínimo, uma taxa, pequenina, porque é uma escola associada a uma igreja e cobra, e Madalena inclusive defende a cobrança. A mulher pedia a bolsa de estudos porque não podia pagar, e Madalena disse: "Muito bem, te damos a bolsa, mas a condição é que a criança tome banho diariamente e venha com um vestido limpo." Bem, o que você diz dessa exigência de Madalena? Hoje, um educador do tipo que chamo de revolucionarista, que não é o revolucionário, seria jamais um Guevara, esses que fazem a revolução em um café, um simples educador que no Brasil chamamos de "basista"; um intelectual que só encontra virtude e saber nas massas populares e para quem a academia não serve para nada, ainda que ele tenha passado pela academia, e, em geral, nunca encontrei um educador "basista" que seja realmente o povo. É sempre o intelectual pequeno-burguês o que se revela ali. Um educador basista diria: "Essa professora, Madalena, é uma reacionária, uma burguesa, uma elitista, não compreende que a mulher não tem água para dar banho na criança"; um educador reacionário ficaria muito feliz ao saber disso, porque espera que a criança não possa ir à escola, porque a avó não cumpre essa tarefa; um educador progressista aplaudirá Madalena lhe dirá: "Você fez o que tinha que fazer." Por quê? Porque, veja, no nível em que está a comunidade lá, que é o segundo nível do qual te falei, que é a mesma escola onde acharam incrível que a simples morte de uma mãe pudesse causar tanta dor, naquele nível, uma das tarefas da educadora ou do educador político, claramente político, é satisfazer, não fisicamente, é satisfazer simbolicamente os educandos, sejam crianças ou adultos, para que percebam a necessidade e o dever de resgatar sua dignidade. O que aconteceu foi que a criança começou a ir à escola absolutamente linda, com vestido limpo e asseada, isso começou a agradá-la. A avó começou a mudar, a criança começou a mudar sua atividade e três meses depois, [a avó] voltou à escola para dizer a Madalena: "Madalena, obrigada, já posso pagar a escola." Ou seja, foi a estratégia de Madalena que possibilitou isso, não o discurso de Madalena. Ela não disse: "Veja, é uma coisa fundamental para o corpo são, e se há um corpo são, há um espírito são..."

A.M: Sim, um discurso conhecido.

PAULO FREIRE: Não, nada disso, ela foi direta: "Somente a aceito se a criança tomar um banho todos os dias." Esse foi o discurso, que era bastante concreto, como é concreta a vida da avó. Resultado, que banhando a neta e se banhando também, conquistando um pouco de si mesma ou da compreensão de si mesma, começa a ir deste momento para o outro, para descobrir que há uma classe dominante neste país, perversa, que no fundo é a que está por trás da falta de pão da neta. Isso é fundamental, Antonio, é necessário ir além do conhecimento puramente intuitivo das massas, mas não se pode ir além da pura intuição, da pura adivinhação das massas a não ser que parta delas.

Então, o sentido comum com tudo, com toda a sua não sistematização, é o ponto de partida para o bom sentido, como o bom sentido é um meio do caminho para um conhecimento científico. Penso que em Madri, como em São Paulo, na Espanha, como no Brasil, mais no Brasil do que na Espanha, temos os dois momentos de que falei, em qualquer um dos lugares. A questão é saber como trabalhar e com quem trabalhar e quais são os temas do cotidiano, do cotidiano do povo. Você não tem o direito, se for progressista, de ficar no nível do cotidiano, mas você tem outro lapso de tempo em que se mover, sem o cotidiano do povo e o seu, que precisa atravessar para chegar a um ponto em que veja de longe o mesmo cotidiano e o entenda como tal. Só assim é possível refazer o cotidiano. Veja como é linda essa afirmação de Marx quando se refere ao homem – e eu adicionaria a Marx – "e à mulher". "O homem faz a História a partir de um presente que encontra em um espaço concreto e não a partir de sua consciência." É verdade, verdade, indubitavelmente verdade; não é possível fazer a História a não ser a partir de algo que foi, e, ainda que hoje seja presente, ele surgiu do ontem. Portanto, ao chegar ao mundo você encontra tudo isso feito ou tudo isso sendo feito; você só faz História, você só assume a direção da História a partir do momento em que chega com uma geração.

A.M.: O fazer História que nos transforma em sujeitos...

PAULO FREIRE: É verdade isso, você não consegue fazer História somente de seu projeto, mas você não a faz sem projeto, e é aí que a utopia chega a mim como algo extraordinariamente fantástico, porque sem uma visão utópica eu me perco no mesmo presente que foi construído ontem. Por isso, jamais é possível encontrar um pensamento utópico em um pensador mecânico. Somente um pensador contraditório que se arrisca, que não teme, que não tem medo de provar-se, que sonha, é um pensador natural, quase naturalmente dialético e em quem é possível encontrar um momento de utopia.

A.M.: Nesse sentido, a educação, como tal, é utópica.

PAULO FREIRE: É utópica, estou totalmente de acordo com você, e veja como há uma relação maravilhosa entre essa natureza utópica de certa educação, porque uma educação reacionária não é nada utópica, nada, não... É uma educação repetitiva, uma educação...

A.M.: Eu não chamaria de educação.

PAULO FREIRE: Não, veja, eu somente a chamo de educação para que eu possa defender a que é utópica, não digo que só é educação a que liberta, em comparação a uma que é mangona, mentira, opacificação, porque esta também é educação. É educação em sua negatividade; e se não reconheço esta não conhecerei a outra. Precisamente porque a outra é utópica, portanto, arriscada, essa educação progressista tem uma forte dose de esteticismo, de estética; a beleza da utopia é como se fosse uma tela de Da Vinci ou dos espanhóis. Goya, e todos eles...

Vejo assim, é incrível, Antonio, mas não sou capaz de pensar nisso mais profundamente, no entanto, quando penso na educação progressista, de modo geral, tenho em minha retina uma ou outra tela. É uma coisa formidável, é um poema também. Há indubitavelmente um momento constante que vai variando e que é estético na obra educativa, mas na obra educativa no sentido de amanhã que se faz na transformação do hoje ruim.

A.M.: Sim, é a principal característica da utopia.

PAULO FREIRE: Isso, Antonio, então, se diferencia disso uma educação reacionária, retrógrada, autoritária, que se faz às vezes em nome da transformação.

A.M.: Nesse sentido, também poderíamos dizer que a educação é revolucionária?

PAULO FREIRE: Sim, ainda que não seja a alavanca da revolução, ela se afirma como necessária para a revolução. Ainda que descartemos a palavra "revolução", porque pode-se querer compreender revolução somente na perspectiva de balas, de lutas...

Análise política da sociedade latino-americana

A.M.: Sobre isso, precisamente, queria te perguntar...

PAULO FREIRE: Não é somente nesse sentido de que falo, não, falo muito mais no sentido do qual Lenine dizia que a revolução, no fundo, é a transformação radical de estruturas sociais. Agora, em certo momento, isso só pode acontecer com uma rebelião armada, mas é provável que comecemos a ter, e já estamos passando por sérias transformações que estão se radicalizando e que não resultaram em balas. E então penso que neste fim de século, e no livro com Antonio Faundez* falo muito disso, um dos temas que, para mim, é fundamental que se apresente para os progressistas é a questão do poder e a questão da reinvenção do poder. A questão fundamental não é apenas tomar o poder das classes dominantes para que as classes dominadas o assumam; a questão é tomar o poder das classes dominantes, e reinventá-lo com as classes populares.

A.M.: Com a estética, talvez.

PAULO FREIRE: Sim, talvez com estética, também esteticamente, não há dúvida; inclusive, a revolução é uma obra de arte. Não há como negar a beleza da revolução nicaraguense, por exemplo, da revolução cubana. Isso não significa dizer amém para todos os aspectos e absolver Cuba e Nicarágua. Não, Cuba e Nicarágua são histórias e não há nada acabado na História.

A História é em si o que fazer, o devir; a História tem historicidade. Está sempre sendo. Agora, não é possível dizer que os que fizeram e as que fizeram a revolução cubana, primeiro, e a nicaraguense, depois, foram anjos, não, foram homens e mulheres. Portanto, deve-se admitir todos os processos de condicionamento em que estamos, as coisas mágicas da velha sociedade não nos deixam tão cedo. É interessante observar que o tempo da transformação infraestrutural não é o mesmo

---

* FREIRE, Paulo; FAUNDEZ, Antonio. *Por uma pedagogia da pergunta*. Rio de Janeiro: Paz e Terra, 2011.

que o das transformações que se refletem nas superestruturas. Os mecanicistas também entendem isso; uma coisa é começar a transformação do modo de produção capitalista, implantando um modo de produção socialista, e outra coisa é observar quando finalmente o chamado homem novo e a mulher nova começam a nascer, e não nascem nem sequer na segunda geração porque mudar as condições materiais é mais fácil, embora não queira separar uma da outra, mas é um ato.

A.M.: Sim, que pode ser feito por decreto.

PAULO FREIRE: Sim, pode ser feito por decreto. A questão é ter condições e financiamentos. A outra é mudar as mentes. Nunca me esqueço de um discurso muito bonito do presidente de Cabo Verde. Um dia, quando eu estava em Cabo Verde, o presidente disse uma coisa fundamental: "Já fizemos a descolonização de nosso país, agora falta finalizar a descolonização de nossa mente." Então é isso, expulsar o colonizador, inclusive através da luta dos colonizados; não é possível pensar, nem de longe, que apenas isso significou descolonização.

A.M.: Estamos exatamente falando de todos os temas que eu havia levantado no começo, como se os analisando, relacionando uns com os outros. Veja, vou fazer uma pergunta um pouco ampla, pensando alto. O tema da Nicarágua é muito mais uma questão ainda incógnita, e nesse sentido você está falando do contexto latino-americano, claro. O contexto latino-americano e o europeu, às vezes, se contrastam e então pensamos que continuam tendo um interesse, interesse no sentido prático, de ver no que isso vai dar.

PAULO FREIRE: Sim, sim.

A.M.: No entanto, por exemplo, você descobre que na Espanha, precisamente, muita gente que militou em movimentos democráticos contra a ditadura, que tem sensibilidade indubitavelmente socialista de amplo espectro vê, no entanto, casos como o cubano com olhar muito crítico.

Não são os anos 1960, com o que também significou como símbolo, e neste momento você se sente distante e crítico, talvez muito crítico, da realidade cubana. Por exemplo, lembro-me do congresso de pedagogia em 1986, em Cuba. Para muitos que estavam lá, não parecia uma educação bem-elaborada do ponto de vista de planejamento, mas víamos então que todo esse trabalho de que estávamos falando antes, de utopia, de libertação, não aparecia muito. Claro, isso também não significa que se aprova a situação do Haiti ou do Paraguai. Você me entende, não? Mas então nos encontrávamos e sempre comentávamos, além de tudo, o mesmo em todas as conversas... O que diria Che se estivesse vivo agora?

PAULO FREIRE: Acredito que ele não gostaria muito. Agora, talvez, e como eu vejo isso, é que tenho a impressão de que, em primeiro lugar, houve um equívoco histórico por parte dos latino-americanos e na Europa também, com relação a uma falsa identificação entre revolução e antidemocracia, pelo fato de que sempre se associava democracia à burguesia. Cada vez que você falava de revolução, deixava de lado qualquer possibilidade de que a revolução recebesse o atributo de democracia. Por outro lado, nós, de esquerda, observamos – sei que você me falava das esquerdas na América Latina – também o vagar ou o andar dos burgueses revolucionários, as transformações dos partidos comunistas, por exemplo, na Europa, e que terão de propiciar um tipo de solução muito associada à democracia, que foi justamente a base da social-

-democracia e que, na minha opinião, deu um passo à frente na modernização do sistema capitalista; pararam nisso e, para mim, não foi uma solução de maneira alguma para a classe trabalhadora. Mas eu não posso comparar Suécia com Brasil, seria um absurdo. Mas podemos comparar Suécia com Suíça, por exemplo. Não, não é esse meu sonho, quero algo mais que isso. Bem, por outro lado, a marca tão forte stalinista trabalhou demais contra qualquer expressão de diálogo. Veja, um homem como Vigotski e tantos outros intelectuais que morreram nos anos 1930 e somente agora, hoje em dia, estão, sem dúvida nenhuma, sendo valorizados e considerados.

Cuba viveu, emergiu na América Latina em um contexto diferente, quando a União Soviética estava inchada de stalinismo. Cuba não fez uma revolução inicialmente com bandeiras socialistas. Os americanos empurraram, Cuba iria de toda maneira, mas os americanos empurraram mais rapidamente e Cuba teve que, necessariamente em defesa de sua própria revolução, aceitar uma relação muito próxima, muito íntima com a União Soviética, e é viável que uma sociedade de menor poder se associe a uma sociedade de maior poder. Eu não sou idealista – no sentido filosófico – e não aceito transformar Marx em mito vivo, não aceito que ninguém me convença que basta dizer que a revolução é marxista para que seja boa. Não é assim, e por isso, ontem, eu falei que Vigotski me influenciou muito. Para Vigotski, Marx era como Hegel ou como Aristóteles, ou seja, Marx era um pensador.

A.M.: Um ponto de referência.

PAULO FREIRE: Sim, um ponto de referência. E assim é para mim também. E não se trata de decretar que a sociedade é marxista e por isso é boa. Não, nós temos que torná-la boa e decente, sem mitos, inclusive o mito de Marx, que também não gostaria disso. Nunca me esqueço da carta em que Marx disse: "A única coisa que eu sei é que eu não sou marxista." Mas vamos ver exatamente como a História se dá, em certo momento se pode ter como última possibilidade de salvação um convênio, um acordo, eu também não diria que as relações de Cuba com a União Soviética sejam exatamente iguais às relações que o Brasil tem com o imperialismo norte-americano. Não são; há uma característica distinta nessas relações, acredito que há. Mas também não quero divinizar essas relações, a União Soviética é História também, e não é paraíso. Agora, você sabe que dentro de Cuba, assim como dentro do Brasil, como dentro da Espanha, na nossa esquerda, como dentro da revolução nicaraguense, há aqueles e aquelas que se sentem revolucionários exatamente na medida em que se sentem abrindo-se ao mundo e à História, e por isso são utópicos, não no sentido em que Marx criticou a utopia, mas sim que são utópicos criadores de um mundo que nunca está pronto, são utópicos porque sabem que a História humana é inconclusa, há uma dimensão de natureza inconclusa, de finitude, que por isso mesmo ainda tem que ser feita.

Há revolucionários como Guevara foi, há revolucionários dentro da Nicarágua, como também dentro de Cuba, como dentro da Espanha, como dentro do Brasil; há situações sociais históricas, políticas diferentes, que parecem assim, que sonham com uma sociedade socialista, mas fundamentalmente democrática, sem ser uma democracia social. Mas há também os autoritários, aqueles que pensam não terem outra tarefa a cumprir senão dizer que Deus é alienação e Marx é salvação; há aqueles e aquelas que pensam que no jornal não deve haver liberdade de imprensa, porque o conceito de liberdade de imprensa é um conceito burguês.

Agora, eu também sei que não se pode dizer, por exemplo, que a imprensa brasileira ou a espanhola é totalmente livre. Seria uma mentira. Mas é tão mentiroso quanto dizer que a imprensa cubana é absolutamente livre e é muito boa, porque não é. Para que você tenha uma imprensa livre, você tem que arriscar-se ao máximo, ao máximo, tem que aceitar que só quando se arrisca ao máximo, pode, inclusive democraticamente, estabelecer as regras da aventura. Por exemplo, não é legal, não é decente, não é certo que a imprensa diga que um jornalista foi à minha casa hoje e encontrou Paulo Freire nu, cortando os galhos no seu jardim. É uma mentira isso, eu estou falando com um professor espanhol, não estou nu... Não se tem o direito de dizer isso, mas se não se diz um absurdo como esse, você nunca consegue determinar os espaços democraticamente e os espaços de imprensa.

Não sei se está claro. Os espaços da imprensa não podem ser estabelecidos por um único poder, que é o poder revolucionário. Então se você entende as coisas assim, você tem que, necessariamente, compreender que de maneira geral os escalões intermediários de qualquer poder são, tendem sempre a ser, mais realistas que o rei.

A.M.: Ah, sim, sim, na Espanha, dizemos "mais papistas que o Papa".

PAULO FREIRE: Ou seja, os escalões intermediários são mais papistas que o Papa, é mais fácil você encontrar um primeiro escalão, no nível de ministros abertos, e que não encontra apoio nos escalões intermediários, que na prática desvirtuam a palavra do superior, distorcendo-a.

Acredito que deve ter muito disso em Cuba. Em Cuba também, e sobre isso existem muitas análises atualmente, há uma briga dentro da revolução entre autoritarismo e democracia. Minha posição é a de criticar de dentro da revolução, nunca de fora, porque se eu critico a esquerda, de fora da esquerda, sou de direita, ou eu me torno direita. Eu também tenho o direito de, em nome da preservação da esquerda, não a criticar, porque eu penso que será uma maneira de preservar o autoritarismo que contradiz, para mim, uma revolução que deveria chamar-se marxista. Não há que temer a discussão. Imagine agora, por exemplo, o esforço de Gorbachev, que penso ser fantástico. Outro dia, um intelectual me dizia, em São Paulo: "É novamente de cima para baixo." Mas tem que ser assim. Como é possível esperar que, na União Soviética, depois de sessenta e tantos anos de revolução, que em certo momento foi dinâmica, e depois começou a verticalizar-se, a enquadrar-se, uma atitude vinda de baixo? As experiências que vêm de baixo são exatamente as experiências dos rebeldes.

A.M.: Dos revolucionários.

Paulo Freire: Exatamente, são muito bonitas. Gorbachev não podia fazer outra coisa senão isso mesmo, e não tenho dúvida, aplaudo com desejo revolucionário as medidas de Gorbachev, por menores que sejam. Pensei em enviar um telegrama para ele, se não fosse muito pretensioso de minha parte, dizendo: "Olhe, continue fazendo isso, mostre a seu povo que o debate, que o poder da palavra, que nada disso é pré-hegeliano, mostre a seu povo que isso está fazendo parte de uma natureza humana que Marx também já tentou compreender." Marx não aceitava que a natureza humana se constituía em Pré-História, ou seja, antes de a História como uma espécie de pré-dado. Está fazendo parte dessa natureza a necessidade de comunicar-se, de discutir, de se inserir no destino da própria sociedade.

Um dos grandes problemas das esquerdas no mundo é que se perdeu isso, porque o autoritarismo soviético não pode ser testemunha para ninguém que tenha bom juízo, na minha opinião, mas na medida em que a União Soviética começar a reencontrar o caminho, o caminho humanista sem ser falsamente humano, ficará muito mais perigoso para o capitalismo. O humanismo que alguns criticam em Marx, pior que eu acredito que existe, não somente em Marx jovem. E na medida em que a União Soviética tomar a postura que chamo fundamentalmente democrática, então não há dúvida nenhuma de que ela ficará mais perigosa.

Há três ou quatro dias recebi o título de cidadão de uma cidade importante de São Paulo, e o líder do Partido dos Trabalhadores – hoje é um deputado constituinte no Brasil – discursou e disse: "Eu vivi, como trabalhador, momentos diferentes de compreensão de Paulo Freire; em um primeiro momento, fiquei um pouco surpreso e me perguntava o que esse homem realmente fez para estar longe do país sem poder se juntar a nós. Me disseram, quando fiz essas perguntas, que ele se meteu em uma questão de alfabetização e eu dizia muitas coisas muito diferentes, pensava que era pouca coisa para muito castigo. Depois conheci o homem pessoalmente e então veio a questão, porque eu o via como o vejo hoje, um homem amoroso, um homem que fala vinte minutos, e, dos vinte minutos, quinze são dedicados ao amor de Elza. É um homem manso, que não mata um inseto por medo de escutar o inseto chorar, e eu me dizia 'como pode ser isso?', até que um dia fui condenado em São Paulo, e o juiz, ao decretar minha condenação, disse ao público, a todos os presentes no Tribunal: 'Este homem precisa ser castigado porque tem língua e a usa' – e acrescentou – 'vejam, senhores, eu não fui condenado porque tinha uma metralhadora, porque tinha um revólver, eu fui condenado porque falava.' Então ele disse: 'Nesse exato momento compreendi...'"

A.M.: Paulo Freire.

PAULO FREIRE: Isso. No momento em que a União Soviética aprofundar o despertar de sua democracia, que existe no fundo de sua revolução, então o imperialismo vai tremer, acredito. Quantas vezes já disse a mim mesmo que porque essa gente não vê isso, e eu tenho a impressão de que esse esforço de Gorbachev vai ajudar enormemente os democratas que estão brigando revolucionariamente dentro de Cuba e dentro da Nicarágua, que vão ter muito mais espaço para ampliar. Então, se você me perguntar: "Paulo, afinal, você faz um hino de amor e devoção absolutamente angelical em relação a ambas as revoluções?", eu te direi que não. Se eu fizesse isso, não mereceria ser o educador que penso que sou. Não faço assim, mas faço um hino de amor realmente às revoluções, e um hino de compreensão, porque é de amor. Compreendo historicamente suas idas e vindas e aí está agora o utópico que também sou, no bom sentido, no sentido que você estuda a utopia, por isso espero que ganhe historicamente, que ganhe exatamente a criatividade e não o medo.

Prática e metodologia educativa

A.M.: Passando para outro conjunto de temas, Paulo, também em relação ao que temos visto de alguma forma, eu queria que falássemos daquilo que poderíamos chamar o contexto da prática educativa, da metodologia educativa etc. Vou levantar duas ou três questões ao mesmo tempo. A primeira é, por exemplo, como você pensa que podemos aplicar e esperar que apliquem um método de educação libertadora, de investigação participativa e ativa em uma sala de aula universitária com 100-120 alunos, como fazer uma avaliação que seja acadêmica, mas, por outro lado, que seja também libertadora. Por um lado isso, e depois, em relação a isso, todo o assunto que, como sabe, já se fez muitos planos de estudo e se fala muito criticamente dele, a pedagogia por objetivos. E também o tema do currículo oculto em contraposição a tudo isso.

Paulo Freire: Acredito, Antonio, que, no fundo, nós vamos ter que fazer agora novamente o que, de modo geral, eu faço, inclusive às vezes chamando atenção dos alunos, isto é, vamos ter que, em certo sentido, cercar o tema, partindo de algumas reflexões e, às vezes, é necessário escutar, um pouco surpreso, como se dissesse "eu não perguntei isso". Acredito que é uma das formas boas que encontro para refletir criticamente.

É o que vou fazer agora, e acredito que é fundamental e indispensável para nós quando nos perguntamos sobre como tentar uma prática educativa libertadora trabalhando em nível universitário com 100, 120 alunos às vezes, às vezes até mais.

Para fazer essa pergunta, acredito que precisamos chegar antes dela, porque a pergunta é uma pergunta que se esgotaria aparentemente em uma questão de método, e ainda quando fosse, seria uma grande pergunta. Sartre escreveu um livro muito bom exatamente sobre a questão do método. As questões metodológicas são muito importantes, acredito, são substanciais, não são puramente técnicas, mas é chegar somente um pouco antes da pergunta e, de certa maneira, isso nos faz voltar a considerar o seguinte: que antes de eu perguntar como relacionar minha perspectiva libertadora com muitos alunos, devo já estar absolutamente convencido de uma obviedade, a de que somente faço essa pergunta porque sou professor.

A.M.: Sim, é o tema em que tanto tem insistido nos últimos anos, para esclarecer sua relação com o movimento pedagógico da não diretividade.

PAULO FREIRE: Sim, ser professor significa exatamente o reconhecimento de que não é possível sê-lo sem ensinar, ou seja, um professor deve ensinar, porque fora do ensino, ele ou ela não poderia ser reconhecido como professor. Agora, quando eu me faço a pergunta imediatamente, confirmo minha condição de professor que me faz fazer a pergunta e descubro então ou redescubro que se não ensinasse não entenderia a própria pergunta. Eu também percebo que, ao refletir sobre o ato de ensinar, estou, necessariamente, ou estarei, necessariamente, advertindo-me das dimensões ou implicações do ato de ensinar, como, por exemplo, primeiro, que, para ensinar, preciso saber o que ensino. Para que eu saiba o que ensino, devo estar comprometido em um processo fundamental, que é o de conhecer o que me é ensinado.

Quando conheço o que me é ensinado, descubro que o ato de ensinar é a forma que o ato de conhecer por parte do aluno toma quando o professor ensina algo que ele desconhecia e, portanto, aprendeu. Está claro?

Isso descarta qualquer tentativa de compreensão caseira do ato de ensinar, qualquer compreensão autoritária do ato de ensinar, mas não descarta uma qualidade fundamental do ato de ensinar que é a autoridade de quem ensina, e compõe em parte a autoridade de quem ensina sua competência sobre o que ensina.

Então, quando o professor descobre que tem o dever de ensinar, ele descobre também que, para ensinar, precisar saber o que ensina, descobre também que não há ensinamento sem que haja conhecimento, que se memoriza porque se conheceu e não o contrário, ou seja, houve apreensão do objeto. Acredito que essas perguntas todas deveriam ser feitas e refeitas, é melhor, talvez, eu dizer que deveriam ser vividas permanentemente por qualquer professor ou professora. Refazer essas perguntas como eu as estou refazendo agora supõe que o professor, ao ensinar o que sabe a alguém, primeiro, aprende melhor o que já sabia, segundo, aprende algo do processo de conhecimento que está ocorrendo com aqueles que ele ensina, terceiro, descobre outra coisa não imediatamente, essa outra coisa se descobre com mais profundidade, é a falsidade de uma expressão às vezes empregada por defensores, como nós, de uma perspectiva libertadora e que eu, inclusive, há muito tempo empreguei e hoje critico, é a expressão usada contra o autoritarismo da escola tradicional: o fundamental é ensinar a aprender. O professor que vai se tornando mais crítico acaba descobrindo que não é possível ensinar a aprender, a não ser ensinando alguma coisa. Isto é, não é possível entender o processo de aprendizagem como objeto de conhecimento através do qual o aluno aprende a aprender. Ensinando biologia você ensina o aluno a aprender, ou seja, o aluno deve estar com sua capacidade cognitiva pronta ao despertar a curiosidade para apreender o objeto, e, ao apreender o objeto, ele passa a aprender tudo, portanto, ao conhecer, ele aprende a conhecer porque conhece um objeto.

Mas nesse momento, o professor ou a professora descobre que não podia ensinar se ele não existisse, mas que todo ensinamento pressupõe um conhecimento competente, científico, onde o objeto pressupõe que quem aprende são os alunos, mas ao mesmo tempo que alguém ensina, aprende, porque ensina e ensina porque aprendeu.

O processo de ensinar implica necessariamente o processo de aprender e os dois são um ato de conhecimento. Portanto, sem alunos não haveria isso, e então se descobre outras coisas através de outras perguntas, que seriam mais ou menos, mas ensinar o quê; o que ensinar? E essa pergunta nos leva necessariamente ao conteúdo como um momento da organização curricular, mas exatamente um momento que engloba a compreensão total do currículo. É fundamental a questão do conteúdo em torno do que professor e aluno podem se dedicar a conhecer e ensinar. E essa questão suscita divergências político-ideológicas entre os diferentes sistemas e entre os diferentes professores. Há quem autoritariamente diz que a questão da definição dos conteúdos é tarefa especial, específica, exclusiva dos que sabem, e, portanto, os alunos, as famílias, a comunidade, a prática social não tem que ser ouvida, ninguém tem que ser ouvido, somente os especialistas, que aparentemente se separam da prática social, portanto, a coisa dessa forma não é verdade.

A.M.: Porque sempre representam alguns interesses.

PAULO FREIRE: Exatamente. E uma vez mais chego à mesma conclusão, que toda classe dominante chega – como dizia Marx – às ideias fundamentais, primordiais de uma sociedade, em certo momento; são as ideias tanto da burguesia nacional quanto da internacional, mas esta é mais complexa. Além disso, a burguesia dominante diz ainda que suas ideias não são somente suas, porque são as ideias da nação, e tentam convencer a todos nós e aos que vivem nas favelas que essas suas ideias são as ideias nacionais, é quando os esforços de mitificar a ideologização do poder dominante ficam cobertos por uma neblina, que cada um de nós deve saber.

Para mim, obviamente, seria inadmissível a falta de participação dos especialistas, dos educadores, na definição dos conteúdos, mas eu continuo convencido de que é inviável desconhecer os diferentes saberes do conhecimento comum que constitui um determinado momento das pessoas que vivem em um determinado espaço.

Conhecer a linguagem, a linguagem popular, é indispensável, a sintaxe popular, a semântica popular, para educadores que trabalham não importa em quais áreas. Mas, além disso, deve-se perguntar em favor de que, em favor de quem, eu estou ensinando biologia, e essa pergunta é novamente política, substancialmente política e efetivamente pedagógica, e é exatamente a resposta que compromete ou deveria comprometer o professor e demandar dele uma coerência com seu discurso que vamos ver e compreender melhor a forma como o professor se aproxima e se relaciona com os alunos mediado pelo conteúdo.

A.M.: Porque a forma, então, é prioritária em toda a relação educativa.

PAULO FREIRE: Evidentemente, se a resposta que nós damos a isso é uma resposta progressista, então deve-se ser coerentemente progressista, ou seja, é necessário trabalhar na prática sem se distanciar demais do discurso progressista. Agora, pensemos em uma, duas, três atitudes básicas de um educador, de um professor progressista. Em primeiro lugar, deve ser competente. Eu diria que a exigência da competência se faz aos dois, reacionários e progressistas, mas a forma como os dois ensinam, necessariamente, é diferente. Um progressista, necessariamente, deve primeiro ser um homem ou uma mulher em permanente busca da competência, por isso mesmo a busca permanente da competência, ao mesmo tempo, acaba gerando no educador progressista uma virtude, que é a virtude de viver intensamente o risco da coragem. E por que a coragem? Porque, na medida em que permanentemente busco minha competência, descubro que sem condições financeiras, sem condições materiais de estrutura de escola, eu me prendo à minha competência.

E é aí que a coragem surge como uma virtude prática, necessária para que eu lute, para a luta como pessoa. Então, tenho imediatamente que buscar organismos de categoria, tenho que viver a luta política e não somente sindicalista relacionada a minha categoria, porque se eu não lutar, não receberei melhores salários, não tenho mais tempo de estudo ou para estudar.

A.M.: De fato, as reivindicações salariais justas formam parte também da dimensão educativa.

Paulo Freire: Agora, veja, para mim, isso é tão importante, a questão que surge não é somente de ganhar mais e inclusive ir mais ao teatro, a questão é de ganhar mais para ir ao teatro também, mas para estudar mais. Essa é a combinação para viver a vida, sem tirar do viver a vida o momento de conhecer a vida que se vive, que eu me torne competente sem frustrações.

Não se trata de criar um intelectual pálido, magro, romantista; a questão é criar um intelectual e aumentar a possibilidade de um intelectual que, sendo utópico e por isso romântico, amoroso, jamais se perca em manifestações ingenuamente românticas e, portanto, romantistas.

Bem, essa é uma das primeiras qualidades que um educador progressista deve ter, deve ter competência, deve buscar com sua coragem a competência. Deve também desenvolver sua intuição em relação aos outros, sua intuição em relação aos alunos, sua intuição em relação ao medo dos outros, sua intuição em relação à realidade como está sendo vivida; ele deve valorizar a capacidade de ler o mundo e não somente as palavras.

A leitura das palavras e do mundo é absolutamente indispensável, e o mesmo professor progressista não pode jamais dicotomizar texto e contexto, considerando o sentido histórico, geográfico, cultural, social intrínseco.

Sou obrigado, por exemplo, a saber algumas coisas sobre Gramsci, não somente porque li sua obra, mas também porque procuro localizá-lo em um tempo e em certo espaço.

Acredito que essa é uma das razões pelas quais te trago aqui, exatamente isso, e se você tivesse mais tempo, eu te diria que deve ir a Recife, você deve andar pelas ruas de Recife onde eu vivi.

A.M.: Também pensei nisso.

PAULO FREIRE: Aí você compreenderia... Nunca me esqueço de uma alemã que me pesquisou muito e um dia foi a Recife e me escreveu de lá dizendo: "Agora te entendo melhor." Não há dúvida alguma de que isso é fato.

Agora, a outra qualidade, o outro trabalho que o progressista tem que ter, seja professor de matemática, seja professor de biologia, de filosofia, de ciências etc., é o dever, a partir do ensino específico do conteúdo que tem que ensinar, de desopacificar a realidade. A realidade que está opacificada pela ideologia dominante, com muita facilidade, cobre e, portanto, dificulta a leitura do mundo. As massas populares, por exemplo, leem também o mundo, mas leem um mundo encoberto.

A.M.: Pela televisão.

PAULO FREIRE: Exatamente, totalmente coberto por neblina, através da televisão. Por exemplo, vejo aqui no Brasil todas as novelas famosas da televisão que, de maneira geral, estão grávidas de sonhos da classe dominante, e que não têm nada a ver com as classes populares, mas as classes populares se permitem encantar-se, dormem com isso, e quanto mais isso funcionar, melhor será para a classe dominante. Então, isso é um dever político do professor progressista, ou seja, desopacificar a realidade. Para mim, um professor coerentemente progressista jamais separa o ato de conhecer do ato de aprender, jamais separa o conteúdo do método, porque não há possibilidade de fazer uma separação entre conteúdo e método, e nesse momento o método é quase o conteúdo também, é incrível. Então um professor progressista coerente com o discurso se preocupa com a totalidade da prática educativa e tenta descobrir os momentos que compõem a totalidade da prática educativa.

A.M.: Isso é algo que repito constantemente em minhas aulas, o valor substancial do método.

PAULO FREIRE: É interessante, Antonio, entre parêntesis, chamar a atenção, por exemplo, na história da educação, de que em toda tentativa do movimento histórico há uma ênfase sobre um desses componentes da prática. E se fosse somente uma ênfase, seria diferente, mas o que acontece é que, mais que ênfase, há uma tendência de assumir uma postura excludente, aceitam-se uns e excluem-se os outros. Exemplo, a escola tradicional que conhecemos por estudos históricos, mas que conhecemos ainda viva, a escola tradicional centralizou toda a sua compreensão da prática na figura do mestre, mas centralizou de tal maneira na figura do mestre, exercitou de tal maneira a estranha teoria do conhecimento baseado na repetição, que o movimento de escolas novas se levanta contra isso. Ainda que não seja correto entender as escolas novas como algo unitário. Dá-se o nome de escola nova ao que existe na história da educação ou da pedagogia, mas é uma espécie de arco-íris, uma vez que você tem desde uns puros reformistas, às vezes ingênuos, ao espanhol famoso.

A.M.: Sim, Ferrer Guardia.

PAULO FREIRE: Exatamente, que era um anarquista, um homem, um amoroso, um romântico, um espanhol que provavelmente também diria que não era espanhol somente para ser mais espanhol.

Agora é interessante notar que como eles descentralizaram a prática escolar do professor para o aluno, o educando passou a ser o centro da preocupação, o educando passou a ser o grande sujeito da educação. E também nisso houve exageros tremendos na história da pedagogia em relação ao desconhecimento da autoridade do mestre. A escola tradicional usou demasiadamente, eu não diria demasiado, mas sim que focou muito na questão do modelo, então houve uma tendência em todas as escolas novas livres de acabar com a questão do modelo, e na verdade, não há educação sem padrões, sem formas, ou seja, para a liberdade é necessário haver modelo de autoridade para constituir-se; isso é dialético.

A autoridade necessita da vigilância da liberdade, como a liberdade necessita dos marcos da autoridade, somente em sua contradição as duas convivem. Com a contradição se faz viável, quando se faz antagônica a autoridade não é mais autoridade, é autoritarismo, e as liberdades desaparecem e são esmagadas; e, o contrário, a liberdade se transforma em licenciosidade e a autoridade desaparece.

Então é importante, fundamental, a questão do modelo na educação, a questão do padrão, padrão no sentido de...

A.M.: Padrão no sentido de *pattern*.

PAULO FREIRE: Exatamente, e um educador progressista não pode recusar isso, não pode. Agora, é interessante notar como hoje, por exemplo – não sei se existe na Espanha –, mas no Brasil existe toda uma discussão, na qual quase sempre acho que sou tratado injustamente, e não fico triste e arrasado. Porque hoje em dia há toda uma tendência, uma corrente que se chama pedagogia dos conteúdos, e que eu penso não fazer sentido o próprio título, porque dizer que há uma pedagogia do conteúdo é aceitar que existe alguma que não é do conteúdo. Inclusive, alguns de meus críticos dizem que sou o representante da pedagogia sem conteúdo, o que não é justo. Esse discurso que estou fazendo aqui é um discurso que deixa muito clara minha defesa dos conteúdos. A questão é, e então repito, para um educador progressista não se pode compreender a prática da educação somente a partir do mestre, somente a partir dos alunos, somente a partir do contexto, somente a partir do conteúdo, somente a partir dos métodos, porque a prática da educação é uma totalidade.

Bem, são muitos pontos para então entrar na questão – veja como eu vou cercando o tema –, que, não posso ser igual no método, portanto, para um professor reacionário e autoritário, mas reconheço que há que se usar e inventar métodos, há que se usar e inventar técnicas, há que se descobrir meios criados, há que se aproveitar situações, daí a necessidade que há, para mim, de um professor progressista ser imaginativo e deixar sua imaginação voar longe, é o que, mais uma vez, é utopia.

A.M.: A criatividade.

PAULO FREIRE: Então, por exemplo, a partir de agora posso abordar a pergunta, melhor, venho abordando.

A.M.: Sim, claro.

PAULO FREIRE: Se tenho 130 alunos, veja, posso ter 130 alunos de formas diferentes. Por exemplo, posso ter 130 alunos em uma faculdade onde há uma boa sala, com dimensões amplas, com espaço amplo, e eu posso estar também nessa universidade com espaço e três assistentes formados por mim, por exemplo, e por outros, ou em formação, e que são pagos, pagos pela faculdade, bem pagos. Então, o que posso fazer? Porque falar como agora, fazer esse discurso que estou fazendo aqui, posso levantar a questão a eles porque, inclusive, provavelmente eles já teriam levantado a questão também, perguntando: "Como podemos fazer um procedimento progressista, melhor que o libertador que seria a mesma coisa, nessa situação?" Essa poderia ser a primeira aula do ano e eu poderia fazer esse discurso e talvez um pouco mais, organizado, preparado e, em seguida, durante a semana, os três assistentes trabalhariam com grupos menores e com uma bibliografia também.

E terminado isso, na outra aula, eu poderia dedicar uma hora a uma discussão entre os três grupos que trabalharam com meus três assistentes, e todos exporiam as conclusões a que cada grupo havia chegado em torno de um discurso e baseado também em certa bibliografia.

Mas devemos admitir que eu estou em uma universidade onde estou sozinho.

A.M.: E que lamentavelmente é assim; salvo em algum tipo de universidade como a anglo-saxônica.

PAULO FREIRE: Lamentavelmente é assim, salvo lá, também no Brasil. Eu posso trabalhar em pós-graduação, no Brasil, com 15 alunos, como você também, mas no nível de graduação não, a não ser em raras universidades. Você pode trabalhar em nível de graduação em Campinas com 15 alunos, com 20 alunos, agora, em casos como esse, é necessário ter consciência da obrigação política.

Trata-se de trabalhar para existir, porque, veja, é trágico você trabalhar com cem alunos, ganhar uma bobagem e estar obrigado a trabalhar excessivas horas semanais e chegar em casa à noite sem condições físicas de estudar, e então te dizerem, depois de tudo isso, que você deve ser politicamente claro, parece-me utópico, no sentido ruim da palavra.

Para tratar meus temas progressivamente, e os temas de currículo, acredito que a única maneira é lutar politicamente, paulatinamente, no espaço de uma vida sindical do grupo, da categoria, da organização da categoria, para deixar claro ao público a necessidade das greves, a necessidade da mudança. É necessário dizer aos pais, às mães, aos jovens, aos velhos, que a educação é uma coisa fundamental em qualquer sociedade, ainda que não seja a alavanca da revolução, da transformação. Sem ela também não se faz, e é interessante que, dentro de uma perspectiva capitalista, o Japão tem dado um exemplo fantástico.

A mudança que o Japão fez na educação deu resultados oito ou dez anos depois, eu não tenho as estatísticas agora, mas foi fantástico e é a prova de que uma inversão na educação funciona. Mas as classes dominantes são incompetentes até mesmo para enxergar isso. Eu quase digo "graças a Deus", porque se usassem melhor a cabeça em relação a seu próprio destino de poder, nos impediriam cada vez mais de transformar o mundo. Sei de um professor que hoje está no congresso brasileiro, esqueci seu nome* agora, mas ele era presidente da associação dos professores do estado de São Paulo e há tempos ele colocou nas ruas, parados, 150 mil professores, aproximadamente, e houve reclamações de algumas mães, de alguns pais, obviamente das televisões dizendo que os professores não estavam cumprindo seu dever, sua obrigação, e ele deu uma entrevista rápida, porque não lhe deram tempo na televisão, e disse: "Não, nós, os professores, estamos dando aula de democracia a nossos alunos." Então, enviei um telegrama a ele, parabenizando-o, e o citei nesse livro que fiz com Gadotti e Guimarães, eu o citei, acredito, se não estou enganado.

Porque isso tem que ser dito, porque a grande maioria em Madri, assim como no Brasil, está condicionada. Por exemplo, existe um condicionamento metodológico que eu até sinto, o que eu já não aceito é que parte da opinião pública continue assim, aceitando que o mestre tem uma tarefa missionária, e se é missionário, como pode um missionário fazer greve? O que se deve dizer é que os educadores não são missionários.

A.M.: Sim, isso é importante ressaltar nos dois países.

Paulo Freire: Os educadores são profissionais; agora, devem ter certa ética, vivê-la, uma ética de classe. Eu não posso, em nome da ética burguesa, fugir de uma greve para ajudar o poder burguês. A ética que me chama é a ética da solidariedade. É interessante, para notar a natureza política da educação, quando um de nós levanta esta questão: O que

---

* Trata-se do professor Gumercindo Milhomem, ver FREIRE, Paulo. *Professora sim, tia não. Cartas a quem ousa ensinar*. 27 ed. São Paulo: Paz e Terra, 2017, p. 31.

eu faço para ser um professor progressista melhor? Uma das conclusões é que devo fazer greves. Obviamente, Antonio, há mais que isso, há possibilidades, acredito, de ir inventando maneiras de conseguir a atenção dos alunos, que também não têm muito tempo, a maior parte deles não sei se em Madri trabalham também, sobretudo, os alunos da noite.

A.M.: Sim, sobretudo os do curso noturno, em geral.

PAULO FREIRE: Agora, acredito, por exemplo, que há outra coisa que um professor nessa situação deve criar, que é também uma virtude, a seguinte: ele necessariamente deve falar com 130 alunos, deve fazê-lo, não dá para ser um diálogo com 130 pessoas, mas ele pode descobrir certas técnicas que viabilizam um diálogo. Ele precisa também aprender a fazer um discurso vivo. O que quero dizer com isso? Você pode chegar a um momento de seu discurso, você pode chegar a uma elegância, à estética, você pode desenvolver de tal forma o momento estético de seu discurso, que pode agradar a 130, mas de forma negativa também, e de forma positiva.

A.M.: Trata-se de saber motivá-los.

PAULO FREIRE: Vou analisar a forma negativa. Você pode desenvolver de tal maneira a beleza de seu discurso que os alunos simpatizam com você. O que quero dizer com isso? Os alunos, em vez de brigar com seu discurso, entram e permanecem em seu discurso; isto é, saem da cadeira e entram no discurso, mas permanecem nele.

A.M.: É uma forma de manipulação.

PAULO FREIRE: É uma manipulação nem sempre percebida pelo professor. Quero deixar isso claro, porque diante de 130 pessoas, então eu posso desenvolver certas virtudes de fala com as quais eu transformo meu discurso em uma coisa suave, com o risco inclusive de que o discurso se torne ou se transforme em espécie de cântico que faz a criança dormir, muito bonito, muito sonoro, e isso cria simpatia com os alunos. Mas acredito, ao contrário, que nós temos que fazer um tipo de fala associada a gestos que não necessitam estudo, porque senão diríamos que um professor progressista deveria ter um bom espelho em casa, talvez tenha, não sei, eu nunca usei. Para mim, não é possível um professor progressista que comece sua aula olhando para certo ponto no teto e falando, para mim não basta.

Há, por outro lado, uma simpatia que leva a um excesso de compartilhamento, que leva a um diálogo, que necessariamente não se dá em todo discurso. Os alunos também entram em seu discurso, mas em vez de ficar no discurso, envolvidos com ele, os alunos que se simpatizam entram em seu discurso e aprendem o conteúdo.

A.M.: Sim, é a simpatia resultante de sentir-se em comunicação.

PAULO FREIRE: Em outras palavras, os alunos são chamados a acompanhar criticamente o movimento do seu discurso. Eu conheço vários professores que fazem isso sem saber, mas é fundamental saber o que se faz, porque no momento em que você sabe, você melhora, você aprende as pausas necessárias. Nesse momento você percebe, em primeiro lugar, que tem que fazer parte do próprio discurso, olhando todas as pessoas que te escutam, não pode escolher uma pessoa, você tem que acompanhar, e ao fazer isso, começa a descobrir nos movimentos de cabeça, nos olhos, brilhos de quem não entende, e brilhos de quem entende. E um dia você percebe a diferença entre uns e outros, e aí então, se eu falo e descubro que lá naquele canto há uma garota que me diz com os olhos "não entendi", percebo o equívoco. Muita gente pensa que o diálogo não se faz com o corpo. Então eu tenho um dever, não propriamente de dizer: "Veja, posso esclarecer o que você quiser." Não, não é necessário, tenho o dever de refazer meu pensamento, com outras palavras. E nesse momento eu faço isso olhando para ela e percebo que ela aprende.

Agora perceba, se alguém alcança isso e consegue depois constantemente sugerir um posicionamento dos estudantes que vão ajudar no que chamo de "amarração dos temas", ele pode dizer, por exemplo: "Hoje vou falar quarenta minutos sobre o tema tal." Então eu gostaria, por exemplo, de saber quem dos 130 que estão aqui, nessas quatro partes, este da ponta, este do meio, este do meio, este da ponta, quem gostaria de ter quarenta minutos depois que eu terminar para vir um a um aqui e dizer, no quadro, em síntese, quatro pontos fundamentais dos quais eu falei. Não preciso que todos possam repetir.

Você pode também fazer uma coisa que seria mais uma espécie de brincadeira e dizer que depois de quarenta minutos vai escolher alguns alunos ou alunas da classe para uma tarefa. Com isso você exige uma atenção de todos, mas você pode pressionar demais, e não há por que pressionar, não, porque aparecem quatro e eu diria, depois da síntese: "Vamos debater agora com todo mundo aqui." Quando terminarem os quarenta minutos vem o primeiro e diz: "Me pareceu que o mais importante da sua aula foi isto e isto." Eu pergunto: "Por quê?" "Por isto e isto." Vem o segundo, o terceiro e o quarto.

Depois, então, no quadro com esses pontos, você pode tentar debater com 130, você pode tentar fazer um debate. Você, sozinho, não pode tentar, acredito, fazer um debate com 130 pessoas se você entrar e falar: "Muito bem, vamos começar uma conversa hoje..."

A.M.: Sim, é verdade, além disso, muitas vezes acontece que você rompe a barreira, mas evidentemente se não tiver apresentado antes uma série de premissas, não se rompe, ainda que com boa vontade por parte de todos, não?

Paulo Freire: Exatamente, isso seria uma maneira, primeira, que eu responderia a sua pergunta de hoje.

A.M.: Veja, existem duas ou três coisas que eu queria apresentar em plano crítico também, que seguramente já te apresentaram muitas vezes, algo se vê nessa entrevista de Rosa Maria Torres etc. Às vezes você não tem medo ou não dá a impressão quando você explica – porque eu acredito que em nível pessoal não é assim o problema em você –, mas quando você explica parece que faz uma dicotomia muito marcada entre um tipo e outro. Explica, você fala de...

Paulo Freire: Já sei aonde quer chegar, é verdade. Não há ninguém que seja somente reacionário ou somente progressista, porque o que acontece é que existe, às vezes, uma espécie de terra de ninguém e que uma pessoa vai para cá e para lá.

Agora, segundo Antonio, há, entretanto, outra dimensão dessa questão que você levanta e que eu compartilho.

É a seguinte, às vezes uma pessoa pensa que um educador progressista [está] entrando na terra do reacionário, porque o educador progressista usou sua necessária autoridade e pensam que ele, nesse momento, está sendo autoritário e eu tenho muitos exemplos disso. Às vezes pessoas jovens como você conversam e me dizem: "Veja, Paulo, eu sinto que de vez em quando sou autoritário", e eu digo: "Eu também." Bem, em seguida, por exemplo, me diz: "Eu marquei uma quarta-feira xis para que os alunos me entregassem o trabalho; dois alunos não entregaram e eu não permiti outra data, e disse que não, que era aquela data." E eu respondi: "Não acredito que você seja autoritário, acredito que você tenha autoridade em primeiro lugar, que você a usou exatamente como uma forma pedagógica e que coloca os dois alunos em uma posição crítica de quem assume responsabilidade. Então, provavelmente, nunca mais você terá que colocá--los, porque, ou você agiria dessa forma, ou provavelmente você não os ajudaria; isso não significa que tenha sempre que ser rígido, mas o que eu quero dizer é que você não é autoritário somente por isso. Então, o exemplo que você me deu não basta."

Veja, um dia eu estava dando aula em uma universidade de Campinas a um grupo de graduação e de repente a porta se abriu e um homem de outra sala ficou olhando para uma mulher da minha sala e os dois faziam sinais, namorando, e eu parei a aula e disse: "Olha, jovem, por favor, abra a porta." Ele abriu e eu disse: "Olha, eu acho uma coisa linda o amor em todas as suas manifestações, agora, aqui, nesta sala, tem um professor dando aula; você pode amar durante o tempo da aula, eu não vou te matar por isso, mas não admito isto aqui, porque deve respeitar a mim e aos outros. Agora, quando a aula terminar, saia do campus da universidade e faça amor, mas na hora da minha aula, não." Ele pediu desculpas e saiu.

Outra vez, não sei se na Espanha também é assim, eu estava dando aula e a porta se abriu e entraram dois jovens e disseram assim: "Viemos aqui dar umas notícias políticas." Eu disse: "Silêncio. Eu sou um educador e um político, por isso penso que os estudantes têm que fazer sua política e a outra política, agora, o que não admito é que vocês entrem em meu seminário sem pedir licença, vocês têm que pedir, e eu pergunto aos alunos também, porque isso aqui não é meu, é nosso este tempo e este espaço e isso é uma falta de respeito em nome da luta democrática e eu não aceito isso. Agora, vou fazer a consulta, se os alunos preferirem que vocês falem três minutos com eles, vocês podem falar, porque eu o permito também, mas se os alunos disseram que não querem escutá-los, vocês voltem no intervalo." Os alunos disseram: "Não, queremos no intervalo." E se foram. Veja, isso não foi autoritarismo, ainda que às vezes haja essa possibilidade. Há casos em que a pessoa não sabe o que fazer. Então, nesse sentido, sua pergunta foi muito boa, porque eu, pelo fato de que exijo muita coerência, corro o risco de cair em uma posição excludente também, inclusive em nome da dialética. De maneira que sua pergunta é absolutamente válida e sempre que eu falo disso tenho que me preocupar em dizer logo que não existe uma coisa pura, um estado de pureza. Eu disse isso nesses livros também.

A.M.: Claro, porque todos esses exemplos que apresentou são totalmente comuns a todos nós. É como o tema da avaliação, por exemplo, na Espanha houve algumas vezes, sobretudo na transição democrática, má interpretação, porque se entendia que um professor democrático não poderia suspender, não poderia ser exigente, porque a exigência era autoritária, porque ele suspender seria autoritário etc., até o ponto em que em alguns casos se considerava que o professor democrático deveria dar aprovação geral. Isso em um nível, por assim dizer, muito radical, mas em nível de casos concretos continua dando, digamos, tenta, por exemplo, dar uma explicação em uma conversa sobre por que esse trabalho não está bem, e tudo funciona enquanto está dando as explicações, mas, às vezes, vê que o que querem é simplesmente que mude a nota. Você termina de explicar e não importa a eles se os convenceram ou não, se não mudar a nota, vão protestar. E em ocasiões, ainda que as coisas estejam claras, você fica com uma espécie de consciência ruim porque formalmente você pensa que isso te faz lembrar um esquema de escola tradicional.

PAULO FREIRE: Exatamente, entendo isso. Disse que não é possível entender a prática da educação na universidade sem compreender a prática maior que é a prática social, da sociedade, não?

A.M.: Sim, também.

PAULO FREIRE: Você pode ter uma escolha muito clara da turma, mas não pode atuar com um parecer justo porque há pessoas pela prática social, depois de quarenta anos de repressão, que pedem, como oposição à repressão, a licenciosidade, e não é isso.

A.M.: Outra coisa, e perdoe-me por insistir. Além disso, se não quiser responder, pelo que disse antes, sobre no final das contas uma pergunta poder ser também uma maneira de agressão, pode não responder, mas é que na Espanha é um tema constantemente levantado, a favor e contra. Logicamente nesses momentos, de uma dimensão mais de exposição social ou dialética ou crítica, se está mais ou menos contra, mas bem, não sei, gostaria de ouvir alguma reflexão sua sobre esse tema tão debatido dos objetivos, da pedagogia por objetivos etc.

Paulo Freire: Estou convencido, Antonio, de que é impossível uma educação, uma prática de educação sem objetivos, sem finalidades, no sentido mesmo de que toda prática de educação é intencional e intencionada, inclusive a prática de educação absolutamente informal dos pais e das mães e filhos e filhas em casa, inclusive a prática de educação de uma pessoa na rua quando o filho anda e se socializa com os maiores e aí é uma intencionalidade que está difusa na prática social. Mas, na escola, a intencionalidade da prática da educação se expressa como algo mais, como aspecto indispensável a ela, daí que a prática da educação jamais pode ser natural; e daí que, na prática, não há prática de educação que não seja diretiva. Então, a pedagogia da não diretividade é um absurdo, no final, não existe. Agora, a outra questão é saber se a diretividade natural da pedagogia, da prática da educação, acontece em termos de domínio, de manipulação e não em termos de democratização e de respeito. Se a prática da educação fosse uma coisa gratuita, então você poderia dizer: "Meu único objetivo é o estético", mas o que acontece é que o próprio objetivo estético não escapa a certa atmosfera social, que faz falta ao artista, por exemplo. Pelo fato de que não há prática de educação sem objetivos, porque toda prática de educação tem uma intencionalidade, é um ir até; a questão que levantamos agora é: de quem são os objetivos, quem levanta esses objetivos e como se levantam e como são tratados os conteúdos que têm os objetivos? Obviamente, em uma sociedade de classe, os objetivos da educação são os objetivos da classe dominante. Eu vejo assim.

A.M.: Uma pergunta concreta também, a respeito da perspectiva da educação em relação à técnica no caso concreto da informática. Toda a questão da informática vem lamentavelmente servida por uma infraestrutura multinacional muito determinada, como todos sabemos, mas acredita, ainda assim, que poderia, para, além disso, aplicar-se à educação de maneira positiva e, inclusive, nos países, por exemplo, do Terceiro Mundo, poderia servir para queimar etapas, digamos? Porque, efetivamente, a matéria-prima da informática é muito barata, para além da estrutura comercial, e podendo cumprir uma função, por exemplo, em uma comunidade campesina ou em comunidades rurais.

Paulo Freire: Ah, sim. Você fez uma pergunta fundamental. Eu me lembro de que o segundo volume sobre educação com Sergio Guimarães que eu te dei aborda um pouco isso. Em primeiro lugar, Antonio, minha resposta para essa pergunta é a seguinte: sou um homem que tenta ser fiel a seu tempo e a seu espaço, mas um homem que reconhece que o tempo e o espaço também são submetidos a análises de classes, a um tempo de classes dominantes que é concomitante, contemporâneo, com o tempo da classe dominada, mas o tempo da classe dominada e o espaço da classe dominada estão carentes de estética, se visto daqui, porque a burguesia se apropria de tudo isso.

Mas partindo da ideia de que tento ser um homem de seu tempo e que gostaria que o desenvolvimento tecnológico do tempo dominante servisse à libertação dos dominados, digo que estou cem por cento pelo desenvolvimento da informática também.

Eu não acredito que o computador seja mau em si, que a televisão seja má em si e o vídeo seja mau em si. Mais uma vez, nessa questão, o foco é o uso, a serviço do quê e de quem está todo esse aparato.

Voltando agora a sua pergunta central, estou totalmente de acordo, se Madalena, por exemplo, tivesse um mínimo dessa tecnologia...

A.M.: Nas favelas.

PAULO FREIRE: Sim, que salto poderia dar, desde que não abandonasse as condições mais reais do povo. Mas se você me perguntar agora em termos de uso mesmo pelo Estado, que está aí, minha convicção, agora que o estado de São Paulo já começa a discutir isso, é que se o estado de São Paulo começar a utilizar uma tecnologia como essa no sistema de educação, o que vai acontecer é um aprofundamento das diferenças sociais de classe, porque não vão instalar computadores e vídeos etc. etc. nas salas de lugares como este. O que vai acontecer é que meus netos terão um tempo menor para distanciar-se mais, isso é certo. O tempo de se distanciar mais das classes oprimidas para meus netos será ainda menor.

Eles se constituirão mais rapidamente dominantes, diante dos círculos de trabalhadores que não terão capacidade de desenvolver seus meios. Então, o que vai ocorrer é que os instrumentos tecnológicos vão acrescentar a ideia, que se difunde muito, da incompetência natural das classes populares. O uso desses meios vai acelerar, já está acelerando de tal forma o desenvolvimento mental e a criatividade, a inventividade dos garotos que podem, enquanto os outros andam para trás. Por exemplo, hoje em São Paulo, a geração de meus netos já está usando computadores, mas é a geração de meus netos, de minha classe social, não os jovens das classes oprimidas.

A.M.: Com os quais trabalha Madalena.

PAULO FREIRE: Agora sua pergunta será respondida, acredito, na sociedade revolucionária ao cruzar os limites das respostas físicas, orgânicas e fisiológicas das massas populares.

Teologia da Libertação e compromisso cristão

A.M.: Uma pergunta um pouco ampla, que acredito que você vai gostar, sobre o tema da identidade latino-americana. Como você enxerga isso? Você acha que é um blefe ou que tem fundamento? E em relação a isso, sua visão cristã. Refiro-me não à que conheço, dos anos 1960, 1970, mas se mais ou menos você se mantém assim ou se, por exemplo, não sei.

PAULO FREIRE: Veja, eu inclusive começaria pela última questão. Eu me lembro de que há anos, acredito que no ano de 1971, bem, um pouquinho depois, concretamente nos anos 1970, fiz uma turnê pela Austrália, Nova Zelândia e ilhas do Pacífico Sul e me lembro de que, em uma entrevista coletiva à imprensa na Austrália, um jornalista me perguntou se eu não estava sendo contraditório falando da maneira como falava, analisando a realidade como eu analisava, e ao mesmo tempo trabalhando no Conselho Mundial das Igrejas. Uma pergunta que não foi feita de maneira a ser maliciosa, e eu disse: "Olha, agradeço muito, e vou lhe dizer que não é contraditório para mim, mas se fosse, eu teria o direito de ser contraditório."

A.M.: Claro, não em vão a realidade é contraditória.

PAULO FREIRE: Exatamente. Então lhe disse que talvez eu pudesse pensar que provavelmente um marxista rigoroso, demandante, exigente, me diria sorrindo: "Paulo, gosto de você e te respeito e digo que você não impede a atuação do povo, a luta do povo, pelo contrário, penso que somos companheiros." Não a mim, mas dos cristãos, nessa linha, disse Fidel Castro: "Vocês são meus companheiros estratégicos", e quando lhe perguntaram, "Por que estratégicos?", ele disse: "Se eu dissesse que são meus companheiros táticos, estaria dizendo que os usaria até a chegada ao poder e depois terminaria a relação com vocês, mas digo estratégicos, porque são antes, durante e depois." Fidel disse isso.

Então, como dizia, penso que um marxista poderia me dizer que você não pode ser marxista no sentido mais ortodoxo da palavra porque admite um *a priori* da História, e se aceitar um *a priori* da História, não poderá ser marxista, materialista histórico. Tudo isso porque parece para você que existe uma transcendentalidade que se antecipa à história dos homens e das mulheres, que somos nós que fazemos. E não disse diante dessa atitude desse hipotético amigo marxista que seria correto. Agora, o que eu quero te dizer, o que quero dizer aos analistas é que há uma diferença, no entanto, fundamental entre alguns marxistas e eu: fui às massas populares, aos campesinos por causa de minha amizade com Cristo, mas quando cheguei lá, descobri que poderia até perder a amizade com Cristo, mas não poderia perder a amizade com o povo. E foi a miséria do povo, a exploração do povo, que me trouxe a Marx, eu não fui primeiro a Marx, essa é uma das radicais diferenças entre mim e certos marxistas que não entenderam Marx e que mitificaram Marx, burocratizaram-no e, por exemplo, nesse extraordinário livro do professor espanhol Rivière.

A.M.: Sim, o de Vigotski.

PAULO FREIRE: Ele disse exatamente que Vigotski jamais aceitaria entender Marx de forma diferente de como entendeu Hegel, ou seja, cientificamente. Marx não aceitava a padronização ideológica que foi feita dele, depois.

Bem, essa é uma diferença entre alguns marxistas e eu. Fui a Marx, porque, tendo ido aos grupos populares por meu amor a Cristo, cheguei lá e descobri que havia mais miséria e achei que a miséria era maior e não bastava orar, era necessário realmente mudar o mundo, para inclusive poder ser coautor da criação. Vim a Marx, e quando cheguei a Marx, o que aconteceu? Eu não encontrei nada em Marx que me proibisse ou que impedisse minha amizade com Cristo, até hoje. Eu posso te dizer uma coisa que acredito que você compreende, um de meus sustentáculos depois da morte de Elza foi exatamente isso.

Eu digo sempre o que José Antonio Fernández aproveitou tão bem em seu texto "minha fé", que eu traduzo como minha amizade com Cristo, às vezes um tanto irresponsável, quase sempre eu sou irresponsável diante Dele. Minha fé e meu amor pelo mundo é amor pela vida, capacidade de amar as flores, o mel e o sol quente e o céu azul, o frio, amar o animal e amar as pessoas que se cruzam comigo e também capacidade de querer e ter raiva. Eu acho que é impossível amar sem ter raiva em certa medida, por exemplo, no meu amor pelo meu povo explorado e morto por não ter casa para viver, terreno para plantar. Eu tenho um grande amor por essa gente sofrida e uma grande raiva de quem faz isso, uma enorme raiva do sistema capitalista, mas também dos capitalistas, eu não acredito nessas pessoas que falam muito da tradição cristã. O homem não é diferente do sistema, o sistema faz a pessoa, mas a pessoa também faz o sistema. A classe dominante faz isso. Então, não estou pregando aqui que se deve sair matando essas pessoas, não, mas há que acabar com o poder deles, por essa razão que a Igreja é realmente profética, como eu digo em um ensaio que escrevi há anos, nos anos 1970, que é exatamente essa Igreja utópica da Teologia da Libertação com a qual eu tenho tanta sintonia desde o início. Nesse sentido, eu me sinto um pouco também responsável pela Teologia da Libertação, um pouco sozinho, eu também me acho... Teólogo, também sou um pouco teólogo, só que não sou um teólogo que estudou teologia sistemática, felizmente, sou um teólogo, uma vez que sou um homem que tem fé, basta apenas isso para ser teólogo, ao mesmo tempo que se personaliza a relação com o transcendental. Não pode ficar apenas no nível da intuição, que é meu, o campo da teologia.

A.M.: Sim, realmente, o cristianismo autêntico não consegue eludir nem o compromisso nem a transcendência, acredito.

PAULO FREIRE: Um dia, um amigo me perguntou: "Paulo, escuta, qual é então o papel de Deus na História?" Eu disse: "Veja, pode ser que eu seja um blasfemo, mas como eu não estudei teologia sistemática, e também não sou bispo, tenho um espaço maior para liberdade, para mim, Deus é uma presença na História, mas uma presença que não me imobiliza nem aceita fazer a História que eu devo fazer. Em vez de impedir e Ele fazer a História, essa presença empurra os homens e as mulheres a cumprir seu dever, que é fazer História, por isso eu não espero que Deus faça a reforma agrária, mas Ele olha bem pela revolução, esse é problema nosso."

Mas por essa razão eu dizia também aos jornalistas da Austrália: "Acredito que um marxista sério e uma revolução socialista responsável deve respeitar em mim esse direito, sempre que eu não usar Deus como poder de alienação das massas populares. Não há por que não aceitar que eu seja paradoxal, eu não sou Deus, não vejo contradição alguma nisso, mas devo admitir que alguém pense que há."

A.M.: De fato, a Teologia da Libertação...

PAULO FREIRE: Por exemplo, se olhar para a revolução nicaraguense, o papel dos cristãos, da Teologia da Libertação, na Nicarágua, foi uma coisa vital. Um dia eu escutei em Manágua, em uma das igrejas onde surgiu tudo, entre os cristãos, escutei um homem, em uma reunião para receber as pessoas que haviam participado da luta, em diferentes níveis. A igreja estava cheia, havia um grande cantor revolucionário que cantou para mim uma de suas missas.

A.M.: Sim, Carlos Mejía Godoy.

PAULO FREIRE: Esse, sim, e outro que me deu um presente lindo. Assim, à tarde, um homem discursou uniformizado, e disse: "Aqui, nesta igreja, a Teologia da Libertação colocou em minhas mãos um instrumento de luta, saí desta igreja para a luta e na luta eu não perdi minha fé. Volto hoje a esta mesma igreja com minha fé e com minha arma e digo que quando chegar o momento em meu país, em que possa repousar a arma, então voltarei à igreja e pensarei na teologia."

Para mim, seria maravilhoso se ele tivesse dito: "A Teologia da Libertação me levou à luta, e na luta eu perdi a dimensão da fé, mas venho aqui agradecer." Acho que seria maravilhoso, mas não, ele disse: "Venho para dizer que minha fé não voou, continuo com ela." Quem pode dizer então que a fé é em si inimiga do povo? Não pode. A afirmação de Marx da religião como ópio é uma afirmação histórica.

A.M.: Dentro de seu contexto.

PAULO FREIRE: Sim, é assim, e alguns marxistas mecanicistas que não entenderam Marx, "metafisicam" a afirmação de Marx. O que há de histórico e, portanto, com uma historicidade, na religião e na fé, eles traduzem como metafísica, e a frase que era histórica, que é histórica, contraditória, dialética, é "metafisicada", é como se Marx tivesse falado da essência, aérea, invisível.

Então, essa é minha opinião, hoje, é a mesma. Digo mais, eu me lembro de quando era muito jovem e li um livro muito bonito de Unamuno, das ideias e das crenças, e que ele dizia: "As ideias se têm, nas crenças se está." Insisto, estou nas minhas crenças e em minha fé, como estou nesta cadeira.

Identidade latino-americana e o papel da Espanha na América

A.M.: E o que te perguntei antes sobre a América Latina...

Paulo Freire: Ah, sim, sim. Na questão da América Latina eu não seria muito competente, mas a única coisa que te diria como uma advertência para você e para mim, para fazer frente ao problema, seria a seguinte: não acredito que seja muito fácil descobrirmos uma identidade, para não cair em uma metafísica, uma identidade universal da América Latina. Porque a identidade a que você se refere não é somente física, fisiológica, é uma identidade de cultura e de história. Então, há pontos para mim, há muito mais pontos que unem do que pontos que separam todo um continente como este, mas esses são pontos históricos, culturais, sociais, raciais. Agora, não há, para mim, possibilidade de falar em uma identidade universal, porque, para mim, uma identidade cultural passa pela análise de classes.

Não posso dizer que há uma identidade cultural absoluta no Brasil, quando sei, por exemplo, que aqui, a vinte minutos desta rua, você pode conversar com homens e mulheres que têm uma compreensão cultural, eu não diria antagônica em relação a mim e a você, diria de nível muito diferente, que implica inclusive uma maneira mais ingênua de ler o mundo.

E isso tem a ver com a posição da classe em que uma pessoa está inserida neste mundo. A questão do gosto, do gosto estético, do gosto auditivo que é estético também. Por exemplo, tanto me agrada escutar um cantor popular com uma música que vem direto do povo com uma linguagem considerada "errada" quanto me agrada escutar Bach ou Mozart. E eu os escuto em uma altura que não fere meus ouvidos, nem os ouvidos dos presentes, mas se você vai a um baile popular, em uma área popular, os alto-falantes são colocados em um volume tal que possam ser escutados a três quilômetros de distância. Para mim, isso é mau gosto, para eles, é a melhor maneira de compensar o que não têm, eles vivem tão silenciados politicamente que enfatizam o barulho como expressão de suas ideias políticas. Parece-me, que se você olhar para a América Latina como uma totalidade indiscutível, não pode deixar de usar o filtro de classes sociais, em primeiro lutar, e depois um filtro também que inclua a preponderância, por exemplo, autóctone. Uma coisa é a América Latina andina, uma coisa é o México, uma coisa é o Peru.

A.M.: O Caribe.

Paulo Freire: O Caribe é outra coisa. Há a presença indígena na cultura peruana. No Peru, não foi por acaso que os espanhóis mataram, terrível, os espanhóis de hoje deveriam estar ainda pedindo desculpas e perdão. Enquanto a Espanha criou uma universidade em Lima há séculos, a primeira e única coisa que Portugal fez em termos de escola superior foi depois que a família real foi empurrada por um general francês, napoleônico, e obrigada a praticamente abandonar Portugal e se refugiar no Brasil; a família real chegou ao Rio de Janeiro e criou uma escola de música, uma escola artesanal, uma escola de artes em 1810, por aí, acredito que foi esse o ano, por aí...

A.M.: Seria em torno desse ano, que era a época napoleônica...

Paulo Freire: Olha, quanto a isso, você sabe, a primeira universidade foi em Recife, minha terra. Eu me formei na primeira turma da Universidade de Recife. A Universidade de São Paulo deve ter cinquenta anos, cinquenta e poucos anos, enquanto a Universidade de Lima tem três ou quatro séculos. Uma pessoa poderia, ingenuamente, estudando a identidade cultural, a identidade latino-americana, poderia ser levada a dizer duas coisas: os espanhóis trabalharam por uma cultura mais desenvolvida do que os portugueses; foram mais atentos à cultura. Nada, nada disso, nada, os colonizadores portugueses encontraram no Brasil indígenas de uma pureza angelical, naturalmente tinham cultura e tinham história, mas não tinham, pelo menos até hoje não foi descoberto, não tinham uma atividade intelectual que fosse capaz de pressionar o colonizador contra a parede, mas os espanhóis encontraram os incas, encontraram os maias, encontraram os astecas, que tinham um desenvolvimento, inclusive em nível de educação superior, mais ou menos como o dos colonizadores, mas com marcas culturais fracas, debilidades da cultura, como chamou Amílcar Cabral, em relação à África; havia fraquezas na cultura que foram muito bem e astutamente aproveitadas pelos colonizadores, e os colonizadores criaram uma universidade para que pudessem confrontar o desenvolvimento mental, intelectual dos nacionais.

Aparentemente, era uma questão de superioridade de colonizador, mas não era; Portugal, na época, tinha que ter feito o mesmo. Agora, é claro que a Espanha fez uma transplantação, e foi somente isso o que pôde fazer, uma transplantação de sua universidade também, mas foi a maneira sistematicamente cultural que a Espanha teve de confrontar uma cultura de nível grande, de nível superior. Agora, para terminar, o que me parece difícil, Antonio, seria falar de uma unidade em nível metafísico, mas estou com uma luta, uma batalha dos latino-americanos, portugueses-hispânicos na América Latina progressista, porque a direita latino-americana está unida já há muito tempo, mas uma unidade procurada, não uma unidade que está lá, mas uma unidade que devemos criar. Homens e mulheres latino-americanos, brasileiros, chilenos, uruguaios e mexicanos, não importa, no sentido de construir uma vida melhor para a América Latina. Então provavelmente teríamos que partir de uma busca política, em busca do poder, procurando o poder, que passa também pela questão de classes, por isso que estou sendo quase sectário falando de uma unidade trabalhada por progressistas latino-americanos; no fundo, o sonho de Fidel, o sonho de Guevara. Pode variar, pode ser também uma coisa sobre a qual não pensam da mesma forma. Mas a partir daí, se estabelece a descoberta dos pontos mais parecidos; no momento em que você lutar contra as diferenças de classe. Você encontraria quase que espontaneamente os pontos de conexão que estão hoje em dia escondidos por causa das diferenças de classe, de base.

A.M.: Eu, digamos assim, dialogando um pouco mais, efetivamente acredito que você tem razão, também me alegro que você diga isso, porque me fez perceber que esse argumento que utiliza para a defesa da obra espanhola na América que é o tema das universidades pode resultar em um assunto falacioso e ideológico, e acredito que nunca havia ouvido isso assim. Agora, também é certo que a Espanha dava o que tinha, e o que tinha era uma estrutura contrarreformista muito fechada, não é? Mas há coisas que, para ser justo, há que se levar em conta também.

Mas, por exemplo, veja, o tema das missões. Agora está na moda estudar novamente os jesuítas das missões, até mesmo no cinema, como no filme *A missão*, muito interessante, extraordinário. Na conquista espanhola havia coisas boas, dos direitos humanos, de Vitória, essa série de coisas que foram muito valorizadas novamente. Agora, você sabe o problema da Espanha em relação ao quinto centenário, pois então, efetivamente, muitos amigos latino-americanos ficaram incomodados em falar do quinto centenário do descobrimento...

PAULO FREIRE: Sim, eu também não gosto, era a conquista...

A.M.: Sim, preferimos falar no encontro entre os povos, ou algo assim. Agora, isso de pedir perdão etc. É que nós, os espanhóis de hoje, não temos nada com isso.

PAULO FREIRE: Sim, mas os espanhóis de hoje têm uma dívida histórica, como acredito que o Brasil tem uma dívida como mediador, tem uma dívida com a África, sobretudo, com certas regiões da África.

A.M.: Sim, como todo colonizador.

PAULO FREIRE: Isso é uma coisa incrível, de que ainda se fala aqui sobre o descobrimento do Brasil, quando o Brasil não foi descoberto, o Brasil foi conquistado, e, segundo, o primeiro movimento de rebeldia que aconteceu no Brasil, muito romantista, começou na província brasileira chamada Minas Gerais, e obviamente era um movimento de rebeldia, de independência do país, e seus autores foram severamente castigados por Portugal, o maior deles foi enforcado e depois teve o corpo cortado em pedaços, depois os pedaços de seu corpo foram expostos em diferentes lugares da província como advertência e sua casa foi demolida e o terreno salgado como sinal de que nunca mais se levantaria. Os alemães também fizeram isso em Varsóvia, os nazistas. Ele era um alferes do exército e era dentista de profissão, logo, o chamaram "Tira Dentes", porque você sabe que obviamente os portugueses chamaram esse movimento, que foi frustrado, de "inconfidência", e os brasileiros continuam o chamando de "inconfidência".

E eu digo publicamente que não há razão histórica para manter o termo, porque era inconfidência do ponto de vista do dominador, mas não do seu ponto de vista. Para o dominador, ninguém poderia estar contra eles, porque o dominador era ele também, e uma vez que o dominado diz: "Não, eu não sou você", e estabelece a diferença dialética e se rebela, o dominador que continua chamando-o de seu chama "inconfidente". Mas esse não é o papel do dominado, deveriam dizer às crianças nas escolas do Brasil que não houve "inconfidência" alguma, mas sim rebeldia justa.

A.M.: Isso é verdade, os casos de injustiça histórica estão aí, e, evidentemente, eu reconheço que uma mentalidade, digamos, progressista, espanhola, hoje, está submetida a uma série de contradições, mas como você bem disse, isso não desqualifica as pessoas; por um lado, pensam que talvez se possa estar difamando, quando se acusa a obra da Espanha, mas, por outro lado, não se deixa de reconhecer a barbárie realizada pela colonização espanhola. Portanto, por outro lado também, talvez a Espanha seja questionada, talvez exijam mais dela, se tira do contexto, se exige mais do que possa dar, porque os progressistas na Espanha nessa época estavam absolutamente reprimidos, como você sabe.

Felipe II fechou as fronteiras dos Pirineus para que não pudessem estudar na Europa, porque se contaminavam de protestantismo e de erasmismo, quando ainda havia erasmismo latente em alguns pontos da cultura espanhola.

PAULO FREIRE: Penso, Antonio, penso que, para mim, o papel, a função de uma pessoa progressista hoje na Espanha, quase cinco séculos depois, não poderia nem deveria ser a de quem se sente culpada, quando digo pedir perdão, é outra coisa. Olha, o que não é possível é negar que, em determinado momento histórico, a Espanha cometeu uma barbárie, mas o que não me parece possível é que eu agora faça duas coisas: um, que eu defenda a barbárie; dois, que eu me culpabilize por inteiro, eu acredito que não. Acredito que a posição de um homem libertado, não liberado, progressista, revolucionário é a de dizer: "Para mim, o colonialismo – não importa a etapa histórica em que tenha acontecido – é uma devastação." Então, o que aparecer de positivo ali é puro acidente, eu sou contra isso. Se eu fosse espanhol, eu não teria nenhuma dificuldade, em nenhum país latino-americano, de dizer isso. Por exemplo, um dia escutei de um homem, acredito que no Chile, da República Dominicana, que o governo militar brasileiro, para servir aos americanos, invadiu a República Dominicana, nos anos 1960, 1968, 1969 e mandou para lá um exército expedicionário. E eu lhe disse: "Estou aqui como exilado, exatamente porque luto contra isso. O Exército reacionário do meu país, contra o qual estou, invadiu seu país. Estou nessa luta contigo, não com o Exército brasileiro, eu lutaria lá contra o Exército brasileiro." Ele entendeu e eu falei com muita seriedade, e é isso o que Brasil faz hoje com o Paraguai, é um absurdo.

A.M.: É neocolonialismo também

PAULO FREIRE: Neocolonialista, também arrasa. Mas o que acredito é que o colonialismo não pode acabar com o direito que se tem de ser isto ou aquilo.

A.M.: Não, se além disso acontecer comigo, quando eu for, por exemplo, ao Museu de Antropologia do México, de ver aquelas maravilhosas esculturas canceladas, ficarei indignado com os espanhóis, ainda que reconheça que é injustiça, porque nessa indignação contra os espanhóis generaliza-se ingenuamente. Na realidade, é contra um tipo de dominação que também dominava, digamos, determinadas aspirações humanas e humanistas que havia na Espanha, mas eu te compreendo.

PAULO FREIRE: É uma etapa que corresponde historicamente ao avanço e ao desenvolvimento da civilização, e está aí, é um absurdo, mas está. Eu também visitei o museu, para mim, uma das melhores coisas do mundo, não sei se você se recorda de uma cultura cujos artistas faziam sempre miniaturas, coisinhas pequenas e, segundo explicam, era um grupo muito manso, muito dialógico, muito puro, e por isso foi desfeito por seus companheiros, por outros grupos étnicos, não foram os espanhóis, mas outros grupos étnicos dominantes que os liquidaram, então, mas há uma coisa muito bonita, há uma obra de arte, uma escultura pequenina, como tudo deles, que representava uma casinha e, na porta de entrada da casa, um banco e um homem jovem e uma mulher jovem de mãos dadas. São coisas lindas! Só um povo assim seria esmagado... Agora, veja como é perigoso inclusive dizer que só um povo assim seria esmagado... A gente vê que a "amorosidade" foi castigada.

A.M.: Bem, acredito que já dialogamos o suficiente por agora e podemos concluir...

PAULO FREIRE: Concluir a gravação, Antonio, mas não o diálogo.

PARTE III

Chile

6
ENTREVISTAS A BORIS BEZAMA*

SEM MEDO DE AMAR

Boris Bezama é um subversivo, ainda que se defina como pós-moderno, mas do tipo que acredita nas utopias. Crítico da esquerda sectária e dogmática da década de 1970. Pedagogo e militante do Partido dos Trabalhadores do Brasil, Paulo Freire é o "abecedário dos pobres". Seu método de alfabetização serviu para que milhares de pessoas descobrissem e conquistassem o mundo mágico de juntar letras. Seus livros foram traduzidos em mais de vinte idiomas e fazem parte da bibliografia obrigatória da Educação Popular. Após vinte anos de ausência, voltou ao Chile mais jovem do que nunca. Sua vitalidade disfarça as rugas e cabelos brancos e, ainda que tenha 70 anos, é capaz de devolver a esperança a qualquer pessoa.

Foi o que aconteceu no dia em que deu uma aula magistral no Centro El Canelo de Nos, durante a abertura da Feira de Criatividade.

---

* Boris Bezama é importante e respeitado jornalista chileno. Reunimos duas entrevistas ("Sem medo de amar" e "Educar para a liberdade"), publicadas na revista *Educación*, Santiago, Chile: quinzena 23/12/1991 a 5/1/1992, pp. 22-23. As entrevistas foram concedidas por Paulo Freire na única viagem que fez ao Chile desde a ascensão ao poder do ditador Augusto Pinochet. Antes, havia sido acolhido no país por mais de quatro anos, quando precisou se exilar durante o golpe de Estado brasileiro de 1964.

"Eu sou paixão, sentimentos, medos, dúvidas, desejos, sou utopias, sou projetos", assim se define Paulo Freire.

Viveu no Chile após o golpe de Estado de 1964, no Brasil. "A doutrina de segurança nacional se expandirá por todo o continente e o Chile não será uma exceção", afirmava Freire antes do golpe chileno. Atualmente trabalha na Pontifícia Universidade Católica de São Paulo – em um programa de pós-graduação – e está terminando o novo prólogo da Pedagogia do oprimido,* além de outros dois livros. Foi consultor do Conselho Mundial de Igrejas e ocupou um alto cargo na administração municipal de São Paulo até poucos meses atrás.

Da escola ao parlamento, existe uma falta de coerência entre o que se diz e o que se faz. Isto poderia ser uma das razões da perda de confiança nas classes governantes, na América Latina?

PAULO FREIRE: Efetivamente, existe uma grande distância entre o que se diz e o que se faz. Mas eu prefiro mil políticos falando uma coisa e fazendo outra um golpe de Estado sendo preparado às escondidas. É melhor um Congresso cheio de contradições do que um Congresso silenciado pelos militares que pretendem "nos salvar" novamente. Há um mês, no Brasil, vi um debate na televisão no qual um senador da ala governista acusou a oposição de procurar o fracasso do governo. Um parlamentar da oposição desmentiu tal afirmação e disse que o dever que os movia era tão somente o de vigiar para que as promessas que o Presidente Fernando Collor de Mello tinha feito durante a campanha fossem cumpridas,

---

* O prólogo se estendeu e se complexificou de tal maneira que Paulo decidiu que aquele seria um novo livro, que foi publicado com o nome de *Pedagogia da esperança: um reencontro com a* Pedagogia do oprimido. São Paulo: Paz e Terra, 1992.

apesar de ele saber que não poderia cumpri-las. Em seguida, o senador replicou dizendo que a retórica eleitoral consiste em "dizer o que não será feito para poder ganhar".

A afirmação anterior não é tradicional, mas sim coloquial. Entretanto, é melhor viver este tipo de *despedagogia* do que outro tipo de situação que toda a América Latina já teve que enfrentar. Em todo caso, são justamente estes fatos sem ética que fazem com que nós, progressistas, possamos seguir adiante para mudar a sociedade. O homem, quando deixa de sonhar, morre. Os pragmáticos nos acusam de ser românticos porque queremos transformar o mundo e porque não nos adaptamos a esta realidade injusta.

B.B.: O senhor é este tipo de romântico que continua acreditando na guerrilha e na tomada do poder?

PAULO FREIRE: Não. Não acredito que as loucuras da esquerda nos anos 1970 possam ser repetidas. Mas uma coisa é criticar esses métodos e outra é passar para o outro lado, para a acomodação imobilista.

B. B.: Este não parece ser o melhor tempo para a esquerda...

PAULO FREIRE: Este é o melhor tempo para os progressistas, já que temos um novo desafio: entender que o socialismo real foi uma experiência macabra, necrófila, que tinha amor pela morte e não pela vida, ditatorial, sectária, incapaz de conviver com o diferente. Mas nada no mundo pode ser considerado um modelo acabado. Que o socialismo tenha fracassado ontem não significa que irá fracassar amanhã. Nossa tarefa como progressistas é assumir a responsabilidade pelos nossos erros do passado, mas ao assumi-los não é preciso desistir de continuar sendo progressista, a não ser que haja uma renúncia total. A História não é homogênea, devemos criar o futuro transformando o presente com a experiência do passado. A História não terminou. Ninguém pode decretar o seu fim. Se isto acontecesse, deveria ser inventada uma palavra para referir-se a este fato. Os sonhos não são só parte da vida política, são também parte da existência humana. Os reacionários também sonham e lutam para conservar o que não pode ser conservado. Eu continuo sonhando cheio de fé e esperança na transformação social. O que se deve fazer é redefinir a capacidade de ler a História.

B. B.: Mas a esquerda estava acostumada a fazer uma leitura exaustiva da realidade. Quem pode assegurar que agora não irá se enganar novamente?

PAULO FREIRE: Eu acredito que se fazia pouco. As organizações de esquerda pensavam que a História estava do seu lado. "Ela está conosco", diziam, como se a História fosse uma servente da esquerda. Muita gente acreditava numa espécie de dialética domesticada com a qual, supostamente, se chegaria ao socialismo. Isto foi apenas uma falsificação do que queríamos. Sua arrogância e seu autoritarismo sempre estiveram presentes. Agora, após a lição que tiramos de nossas experiências nestes países e nos países do Leste, devemos aceitar a diversidade.

B. B.: Como se sente depois de tantas mudanças no mundo e agora que acaba de fazer 70 anos?

PAULO FREIRE: Muito jovem, porque estou permanentemente aberto a aprender, a saber e a conhecer. Eu faço estas três coisas todos os dias. Uma pessoa se mantém assim quando não tem medo de amar, quando não teme começar tudo de novo. Não posso entender a minha vida sem amar. Estou amando outra vez. Eu sou apaixonado por ela, Nita, por sua angelitude. Detesto o puritanismo de quem treme de horror quando vê uma mulher com um belo par de pernas cruzadas de modo sedutor. Treme porque gostaria de pecar. O puritanismo é a falsificação terrível da pureza. Para mim, o puritano é um velho, ainda que tenha 18 anos. É uma mulher ou um homem que se fecha, é uma pessoa que se encontra indiferente diante do mundo, sem perguntar sobre as coisas. O questionar-se é algo inerente ao homem. Quem não questiona está morto. Uma pessoa é nova quando se entrega à busca e à criação.

Educar para a liberdade

Boris Bezama: Vinte anos depois de ter escrito *Pedagogia do oprimido*, quais são as mudanças que aconteceram com relação aos temas que o senhor propunha no livro e como define a educação às vésperas do novo milênio?

Paulo Freire: Eu continuo pensando que a educação precisa de uma transformação que permita libertar os homens e as mulheres. Ela continua vivendo a perversidade do sistema, a incompetência científica e uma tremenda carga ideológica que faz com que os alunos sejam vistos como um "problema". No Brasil, 8 milhões de crianças estão fora do sistema e isto tem uma razão de ser.

Eu propus em *Pedagogia do oprimido* que a educação não é neutra, sempre é política. Além disso, não existe prática educativa sem ética e sem estética. É preciso respeitar a identidade cultural do estudante e devemos ensiná-lo a aprender. De nada serve uma *educação bancária*, onde o aluno memoriza quilos de conteúdo que não tem nenhuma importância para a sua vida.

B.B.: Como é possível praticar uma educação progressista em nossos países, onde o autoritarismo faz parte do sistema educacional?

PAULO FREIRE: Para responder a esta pergunta é preciso aceitar que a História não é linear nem homogênea. Se fosse sempre igual seria muito aborrecedora. Não haveria emoção nem incertezas.

A educação progressista tem seus sonhos, seus objetivos, suas buscas, seus métodos e suas limitações. Agora, colocar em prática uma educação progressista varia historicamente de contexto a contexto. Uma coisa é ensinar no Brasil de hoje e outra foi tentar uma educação progressista durante a ditadura. Uma coisa é ensinar no Nordeste do Brasil e outra é trabalhar no Chile ou na Suíça. Ou seja, cada caso é diferente, é histórico, muda de tempos em tempos, de lugar a lugar. Sendo assim, os educadores favoráveis às mudanças devem entender a maneira como os fatos acontecem na História e nunca esquecer as utopias, os sonhos. E apesar das grandes limitações que existem atualmente no sistema educacional latino-americano, as necessidades de renovação são indispensáveis não só para os nossos filhos, mas também para a sociedade como um todo que espera ansiosa por estas mudanças.

Não podemos agir pragmaticamente na prática educativa, no ato de educar, fazê-lo de maneira utilitária. Ao contrário, temos que educar assumindo uma posição progressista, descobrindo quais são os limites que existem, os obstáculos que temos pela frente e, desta forma, assumirmos os desafios para alcançar a liberdade.

Agora, se uma sociedade está vivendo uma experiência histórica e social muito afastada de um clima de maior liberdade, a educação progressista deve conseguir métodos adequados para estes limites.

B.B.: Entretanto, a educação atual afasta-se cada vez mais de uma sociedade humanista. Isto é conveniente para o sistema neoliberal...

PAULO FREIRE: Mas isto não significa que seja o fim da História. O neoliberalismo tem sua vigência. Além disso, eu não sou obrigado a ser neoliberal só porque hoje a doutrina tem certo poder, assim como nunca aceitei o stalinismo quando fazer qualquer crítica a essa forma de condução política significava ser considerado burguês, como eu fui.

B.B.: O senhor considera que a crise educacional que vivemos atualmente deve-se às inúmeras mudanças e tecnologias que não foram adotadas na escola?

PAULO FREIRE: Não. No meu entender, a crise que vivemos na educação é uma crise política, da estrutura do Estado e da sociedade. Entretanto, não há dúvida de que essas transformações vividas fora da escola devem ser incorporadas pelo sistema escolar. Mas, advirto, é um erro pensar que o computador em si mesmo educa.

O que eu considero importante é estudar a possibilidade de introduzir um currículo interdisciplinar no sistema escolar, pois é necessário ter uma visão mais ou menos global da realidade, em lugar de uma visão compartimentada e fragmentada.

PARTE IV

NICARÁGUA

7

Manifesto

Dez anos de Revolução Popular Sandinista*

Na condição de educador, que vem dedicando a vida à construção de uma Pedagogia do Oprimido, escrever sobre os dez anos da Revolução Popular Sandinista é motivo de grande emoção. Isto porque na nossa Nicarágua – para exprimir o quanto nos sentimos parte desta Revolução – vem se concretizando o sonho de muitos educadores desta América Latina, que buscamos uma prática educativa profundamente inserida na luta do povo, que possa estar presente em todos os campos da vida social e que contribua para aquilo que há de mais irreversível em uma Revolução, que é a *Insurreição da consciência*,** para utilizar o título da belíssima obra de Orlando Núñez.

---

* A partir dos anos 1930, o povo nicaraguense passou a sofrer com a ditadura da família Somoza. Nos anos 1970, grupos de guerrilheiros de tendências diversas – comunistas, social-democratas e liberais – formaram a Frente Sandinista e lutaram contra a ditadura de Somoza. A Revolução Popular Sandinista foi vitoriosa em 19 de julho de 1979. Entretanto, sobreviveu com seus objetivos primeiros apenas por poucos anos. Nos anos 1980, no auge do período revolucionário, Paulo visitou e contribuiu com sua compreensão crítica de educação na reconstrução da Nicarágua, sobretudo na Cruzada Nacional de Alfabetização.
** Trata-se do livro *La insurrección de la conciencia*, de Orlando Núñez Soto, publicado originalmente pela Editorial Escuela de Sociología de la Universidad Centroamericana, em 1988. (*N. da E.*)

A prioridade da educação nesta Revolução já se fez sentir logo após o triunfo de 19 de julho, quando se tomou a decisão política de realizar aquela maravilhosa Cruzada Nacional de Alfabetização que, além de obter êxitos estatísticos impressionantes na redução dos índices de analfabetismo, se constituiu num grande movimento de mobilização e educação, tanto dos alfabetizandos como dos alfabetizadores, que, juntos, cresceram na leitura da realidade nicaraguense e, portanto, na sua capacidade de transformá-la. Seguiram-se depois os esforços de continuidade na construção de um sistema educativo no País, que pudesse incorporar a riqueza das experiências educativas desenvolvidas nas organizações populares e durante a própria Cruzada de Alfabetização.

A natureza educativa da prática desta Revolução também se faz sentir na profunda valorização da recuperação histórico-cultural da vida e das lutas do povo. Isto tem contribuído para a constituição de uma identidade nacional que faz com que se possa afirmar, por exemplo, que não é possível ser marxista em Nicarágua sem ser ao mesmo tempo sandinista e que faz com que a incorporação dos cristãos à luta revolucionária servisse de exemplo e questionamento para muitos daqueles que se acostumaram a uma leitura dogmática e doutrinária do marxismo.

É na profunda convicção e, sobretudo, na prática democrática desta Revolução que podemos encontrar grandes ensinamentos para a luta dos povos. O conteúdo popular e a prática revolucionária da democracia entendida como valor estratégico potencializa as práticas educativas e, sobretudo, cria a abertura e a flexibilidade indispensáveis a um processo revolucionário que vai se forjando nas respostas à realidade concreta e às aspirações e necessidades do povo.

É nesse contexto que se cria aquela que parece ser a maior força desta Revolução: a força moral e ética do seu povo, capaz de enfrentar heroicamente as mais criminosas investidas do imperialismo norte-americano e as graves consequências econômicas e sociais que elas provocam.

Como diz a letra do hino da FSLN [Frente Sandinista de Libertação Nacional], este povo "não se rende e não se vende" e segue com muita coragem, alegria e democracia construindo a sua Revolução Popular, o que muito nos ilumina e reforça em nossas práticas educativas comprometidas com a luta de libertação de todos os povos da América Latina.

São Paulo, 8 de agosto de 1989.

PARTE V

Paraguai

8
Seminário*

Educação Popular na América Latina:
Contextualização e possibilidades nos
processos de transição

Gostaria de começar esta manhã enfatizando novamente minhas posições abertas sobre as diferenças. Isto não significa que eu defenda uma posição excessivamente vazia, doce, acomodada, através da qual uma pessoa concorde com tudo o que é dito para ser sempre delicada e cortês. Esta não é a minha posição. Eu defendo a luta, eu luto muito pelos meus sonhos e pelas minhas ideias. Mas tenho um profundo respeito pelas posições contrárias às minhas.

Quando vocês propõem que eu fale um pouco sobre a Educação Popular na América Latina nos dias de hoje, queria deixar claro que o que eu direi não é, necessariamente, a posição de vocês e nem a de outros, mas uma posição que pode ser democraticamente discutida. É minha posição, mas não

---

* Os seminários preparatórios ocorreram entre os paraguaios nos dias 28 e 29 de agosto de 1992. Paulo esteve com eles a partir de 8 de setembro de 1992, durante quatro dias, quando foram realizadas as discussões, no centro de convenções Quinta de Ykua Sati, em Assunção. A transcrição das falas deu origem à publicação *"Dialogando con Paulo Freire"*, da qual foram retirados os textos que integram os capítulos 8 e 9 deste livro.

significa que seja a mais acertada, que seja a única; também existem outras verdades.

Para falar sobre Educação Popular, eu começaria fazendo uma pergunta em torno da expressão "Educação Popular". Temos aí duas palavras: uma que funciona no pensamento, na estrutura do nosso pensamento, ou que possui uma tarefa substantivadora que é exatamente *educação* e que se reporta a certa atividade, a certa prática que implica compreender o conjunto da Educação Popular, a entender esta palavra substantiva que é a educação no conjunto da Educação Popular.

Em segundo lugar, percebemos que o conjunto tem uma outra palavra, que é adjetiva: *popular*, com a qual eu estou juntando o substantivo educação com certa qualidade. E ainda tem mais: que precisamente por esta certa qualidade eu me obriguei a usar o adjetivo "popular". Esta certa qualidade que o adjetivo está acrescentando à substantividade do conceito educação não faz parte, necessariamente, da natureza do substantivo educação. Se fizesse, não haveria por que dizer popular.

Assim, frente a esta primeira reflexão, frente a esta primeira análise, eu percebo que não se trata de qualquer educação, mas sim de certa educação que eu chamei de popular e que significa também que seria possível ter outros adjetivos qualificando o substantivo educação. Eu poderia, por exemplo, dizer ou escrever reflexões sobre a educação elitista e aí o elitista como adjetivo funcionaria da mesma forma. Isto é, estaria dando ou juntando certa qualidade à natureza substantiva da educação para marcar e demarcar o campo sobre o qual eu tinha falado. Da mesma forma, eu poderia dizer: reflexões sobre a educação autoritária ou sobre a educação democrática, por exemplo.

Bem, isto então chama a atenção ou exige que eu, antes de confrontar para esclarecer o que quero dizer com Educação Popular, pense um pouco, me pergunte um pouco sobre a própria educação, sem considerar os adjetivos, ou seja, antes vou me deter um pouco na reflexão sobre a substantividade da prática que ela sugere: o que é esta prática que eu chamo de educação? Quais são os elementos mais visíveis que compõem esta prática?

Elementos da educação

Como primeira experiência, um primeiro exercício de resposta me leva a concluir (o que me parece óbvio, já que inclusive não é preciso indagar se no universo não vital existe uma prática; pelo menos até agora não foi possível perceber nele o que possa se chamar educação) que a educação é uma experiência vital, uma experiência que acontece no mundo vivo, mas não em qualquer mundo vivo. Existem diferentes níveis de vida e eu observo que somente no universo da vida humana a educação implantou-se. Eu não posso, com muito rigor, por exemplo, falar da educação entre as árvores. Por mais que eu ame as árvores, não é fácil provar que as árvores se educam, mas sim que elas se cultivam.

Elas são cultivadas por nós e também por elas mesmas... As árvores se comunicam, se intercomunicam; elas também têm certo tipo de linguagem demonstrada por pesquisas recentes. Entre os outros animais, não entre nós, o que acontece é um fenômeno de adestramento e não uma prática pedagógica. Por isso seria muito difícil realizar um encontro, por exemplo, com cães: que os cães da região se encontrassem e recebessem o Paulo Freire para passar uma manhã discutindo a forma de defender o dono da casa. Não, isso nunca aconteceu. Entretanto, os cães também se comunicam.

A educação é proposta entre homens e mulheres, ou seja, de um lado, como uma necessidade, de outro, como uma qualidade que ganhamos historicamente em todo processo da nossa experiência social. Histórica não no sentido somente de preservar a vida, mas também a educação tem inicialmente uma direção muito clara que é a de transmitir de uma geração a outra seus elementos culturais, suas formas de defesa. Ou seja, a educação foi e continua sendo uma invenção nossa.

Portanto, a educação que acontece entre nós acontece somente entre nós, seres humanos.

A educação implica determinados objetivos, determinadas finalidades que eu costumo chamar de nossos sonhos, que pressupõem agentes ou sujeitos que atuam. Implica certo conteúdo, certo objeto que, pelo lado do professor, deve ser ensinado, e, pelo lado do aluno, deve ser aprendido. Portanto, sonhos que vão além da própria educação, além da prática educativa. Sonhos de sujeitos que exercem a prática educativa entre sujeitos e objetos cognoscíveis que são os conteúdos da educação. Esses objetos que, por um lado, mediatizam os sujeitos, devem ser ensinados pelos educadores e educadoras, e, por outro, devem ser aprendidos pelos educandos e educandas.

Proponho pensarmos em algo fundamental que é exatamente compreender muito seriamente o que significa ensinar, o que significa aprender. Para que possamos compreender o que é ensinar e aprender, devemos antes saber quais são os momentos de um processo maior: o processo de conhecer.

O educador precisa utilizar determinados procedimentos através dos quais se aproxima, bem ou mal, com mais ou menos rigor, do objeto que ele ensina e, ao ensinar, ele re-aprende ou re-conhece o que já sabia. Assim, a sua tarefa de ensinar é uma tarefa que, ao mesmo tempo que ensina, re-corda, re-aprende, re-conhece e possibilita o conhecer dos alunos e alunas. Portanto, enquanto os alunos procuram conhecer, os educadores estão re-conhecendo o objeto que ensinam.

É impossível que exista uma prática sem que estes elementos estejam ligados. Nunca existiu nem poderá existir. Tentando compreender isto, entendemos ou percebemos que quando uma educadora ou educador não sabe bem por que é educador, não sabe bem por que luta, a tendência é burocratizar-se. É simplesmente ganhar um bom ou mau salário enquanto tenta conseguir algo melhor. Mas acontece que, se eu sou um educador, devo ter clareza com relação a esta utopia que é exatamente o meu sonho, que é um sonho em torno da própria sociedade, em torno da vida social e política da qual eu faço parte.

Em outras palavras, como dizia ontem: qual é o perfil do educador? Qual é o projeto de vida social, de vida econômica, de vida política que eu tenho, que os muitos educadores e educadoras têm, não para moldar os jovens ou os adultos, mas para defender junto a eles e elas esse sonho?

Precisamente porque não existe educação sem isto, sem sonho, é dito que a educação é sempre diretiva. Houve muita gente que me criticou dizendo que eu não era diretivo, o que foi uma interpretação errada sobre mim, sobre o trabalho que venho fazendo há décadas. Não se pode confundir diretividade da educação com manipulação. Eu sou diretivo, mas não manipulador. A diretividade explicita precisamente a impossibilidade de neutralidade da educação. A educação nunca foi neutra e não o será agora. Mas a sua não neutralidade não significa que eu deva ser autoritário porque sou diretivo. A diretividade pode e deve ser democrática, ou melhor, eu caminho pela rua da diretividade democraticamente, porque existem "as" e "os" educadores que percorrem o mesmo caminho manipuladoramente. Daí que se pode e se deve dizer: esta é uma educação democrática e esta é uma educação autoritária. A educação autoritária é aquela cuja diretividade é apossada pelo educador (que a toma na mão) e que, desta forma, com seu poder, manipula os alunos; enquanto que a educação democrática é aquela em que a manipulação não existe, a não ser como contradição.

Assim, esta é uma dimensão que encontramos quando nos perguntamos sobre a educação como qualidade, como prática, é a experiência de estarem juntos, educadores e educandos, mediados pelo objeto que procuram conhecer e reconhecer, e ir mais além dessa própria experiência docente, que é, em última instância, a diretividade da educação.

Eu acredito que um dos maiores deveres da educadora ou do educador frente a seus alunos e seus educandos é testemunhar seu respeito, o respeito a si mesma e a si mesmo. Por exemplo: eu confesso a vocês que conheço muita gente que faz isso, mas vejo uma contradição, por exemplo, em uma educadora, uma professora democrática, consciente, que está certa de seus sonhos; entretanto, em seu trato com os alunos não dá testemunho da seriedade e do respeito. Primeiro, por ela mesma, depois, por seus alunos. Que ela chegue, por exemplo, desarrumada à sala de aula. É claro que a sala de aula não é um salão de beleza nem um desfile de modas, mas acredito ser um dever de educador e educadora cuidarem de sua aparência o melhor que possam. Deveriam estar sempre limpos, com um vestido bonito, com uma roupa arrumada, se vestir pobremente, mas decentemente. E o que eu quero dizer com decentemente não tem nada de puritanismo, mas com a estética.

A estética está muito próxima da ética, da beleza e da decência; não há como fugir disso para ser uma boa ou um bom educador. Por isso eu disse: sala de aula não é um lugar para uma exposição de moda, porque inclusive os salários são péssimos e a professora que ganha apenas esse salário horrível não pode estar vestindo a última moda de Paris. Mas com uma roupa barata é possível estar bem-vestida. Eu acredito que esse testemunho de simpatia pela beleza, de abertura à beleza, é uma coisa fundamental.

Enfim, a sala de aulas, a escola, é um espaço-tempo de respeito a si e aos outros. De seriedade, sem ser fechado. É preciso brincar com a alegria de viver, mas ser sério. É preciso ser rigoroso sendo um *ser* aberto. É preciso ser um *ser humano* íntegro e ético.

A educação é um ato no qual se desenvolve um processo de conhecer. Não existe educação sem conhecimento e este conhecimento acontece através do ato de ensinar do educador e do ato de aprender do educando. Mas o educando só aprende quando apreende o objeto e não quando recebe de memória ou guarda mecanicamente a descrição do objeto.

A educação é política e pode ser democrática, assim como elitista e autoritária. Por esta razão, não é neutra, depende da opção. Por um lado, da opção política da educadora, depende da coerência que a educadora ou o educador tenha com relação à sua opção. Mas é preciso admitir que a prática autoritária é muito comum, sobretudo quando passamos para a etapa de transição política que está cheia de incoerências, porque depois de quarenta anos de experiência ditatorial não é fácil, para nós, alcançar um equilíbrio que supere o medo de falar, o medo de criticar. Não é fácil superar o gosto de mandar – quando alguém tem um centímetro de poder sente-se igual a um general. Em nossos países, o porteiro de uma festa pode ter uma conduta tão arbitrária quanto a de um general quando dá um golpe de Estado. É uma coisa incrível. Não importa a condição: general, coronel, cabo, sargento ou vigilante, todos, se têm um pouquinho de autoridade, sofrem uma hipertrofia na autoridade que é uma coisa terrível.

Toda educação é política, não pode deixar de sê-lo. O que não significa que os educadores imponham as linhas do seu partido aos educandos. Uma coisa é a politicidade da educação e outra coisa é a opção partidária do educador. Eu não tenho o direito de impor aos educandos e educandas a preferência pelo meu partido no Brasil, de maneira nenhuma. Mas tenho o dever de dizer aos educandos qual é o meu partido. Isto de dizer que o educador deve manter uma distância para não influir nos educandos, para mim, é profundamente falso. Eu não tenho dúvida de que o grande respeito que tenho pelos educandos manifesta-se no testemunho que lhes dou sobre a força com que luto pelos meus ideais. Isto é educativo. Agora, ao mesmo tempo, devo respeitar profundamente as ideias deles e delas, ainda que contrárias às minhas, porque se eu me afirmo e proíbo que eles se afirmem, então eu sou autoritário, incoerente e minha pedagogia é hipócrita.

Então, numa época de transição política, uma das maiores experiências que temos que fazer é ver como superar, e esta superação não se faz somente através de discursos. Temos que ter uma prática contrária à tradição autoritária e exercer uma reflexão crítica sobre a prática, para entender exatamente os nossos desvios.

Isto vocês já sabiam, mas aqui, por uma questão metódica, estou repetindo só para deixar claro: não é possível compreender a educação fora destes elementos.

O que é Educação Popular?

Agora que eu estou convencido de que a educação é uma tarefa nossa, uma tarefa humana, que a educação não é neutra, entendo claramente a razão pela qual se denomina Educação Popular.

E eu me pergunto: O que eu quero expressar exatamente quando digo "Educação Popular"?

O adjetivo "popular" refere-se ao povo e não à elite. Povo, no sentido mais amplo, não tem nada a ver com as classes dominantes. Quando dizemos "povo", não estamos incluindo neste conceito os industriais e eu não quero dizer que os industriais não fazem parte de uma outra compreensão do conceito de povo, de povo de um país. Eu não tenho o poder de separá-los como eles fazem conosco. Mas de um ponto de vista sociológico e político, eles obviamente não são o povo.

Quando eu digo "Educação Popular", refiro-me à educação para um certo tipo de classe social. A Educação Popular está relacionada, em um primeiro momento, com a educação das classes populares. Portanto, tem a ver com uma educação que poderíamos dizer, em uma linguagem mais religiosa, "educação dos pobres". Eu não gosto desta expressão, mas tem a ver exatamente com a educação dos oprimidos, a educação dos enganados, a educação dos proibidos. Pelo menos eu penso desta forma.

Precisamente porque eu penso assim, quando falo de Educação Popular, é que tento que esta Educação Popular esteja, primeiro, a serviço dos grupos populares ou dos interesses dos grupos populares, sem que isto signifique a negação dos direitos dos grupos das elites. Não estou dizendo que devemos matar as crianças ricas, nem negar-lhes educação. Não, não é isto. Mas o grande objetivo da Educação Popular está exatamente em atender os interesses das classes populares que há quinhentos anos estão sendo negados.

Segundo: precisamente porque descubro no conceito da Educação Popular esta direção da prática encaminhando-se para estes interesses, trabalhando a favor destes interesses, eu também descubro que gostaria que a prática da Educação Popular desse alguma contribuição para a transformação radical da sociedade para que, de verdade, os grupos populares ganhem presença política, ingerência política, comando, no novo poder que deveríamos criar.

De um modo mais radical, a Educação Popular significa, para mim, caminhos, isto é, o caminho no campo do conhecimento e o caminho no campo político, através dos quais amanhã – e aí vem a utopia – as classes populares encontrem o poder. É isto que significa Educação Popular para mim; o que significava nos anos 1960, o que significava nos anos 1970, o que significava nos anos 1980 e o que significa hoje também. E isto nada significa para o discurso neoliberal. Não tem nada a ver. E para mim, um dos grandes riscos que estamos correndo hoje, homens e mulheres progressistas, está no fato de nos sentirmos cansados, existencialmente cansados, de tanto insucesso, de tantos golpes, da queda do Leste Europeu, da famosa morte de Marx, da propalada morte do socialismo. Um dos riscos de alguns ou de muitos de nós está em entregar nossos corpos cansados à cantiga do neoliberalismo e dormir nos braços neoliberais que dizem que não se deve mais pensar em viver, que a Educação Popular atual deve ser a educação que capacite os pobres para que consigam um trabalho. É isto o que está explícito no discurso neoliberal.

Agora vocês poderiam dizer: "Mas, Paulo, você não está de acordo com a capacitação profissional?" Estou. Não há dúvida de que neste tipo de educação para o poder que nós defendemos também existe a seriedade na formação do trabalhador. Por exemplo, se nós trabalhamos com um grupo de pedreiros, é importante preparar um pedreiro para que ele seja o melhor; mas esta prioridade na formação profissional não esgota o objetivo da Educação Popular, porque existe outra prioridade ao lado dela, sem a qual aquela não funciona do nosso ponto de vista da libertação. Funciona apenas do ponto de vista da domesticação.

A outra prioridade é exatamente a que trata da história geral dos pedreiros, da história geral da classe trabalhadora, das relações entre homens e mulheres, da tecnologia, da política, do direito de ingerência, de refazer a sociedade civil. Isto é o objetivo fundamental, é a prioridade fundamental também da prática da Educação Popular hoje na América Latina e em qualquer lugar.

O desafio da reflexão crítica

Eu notei, não sei se vocês também, que em certos lugares da América Latina se diz que o tempo de Freire já passou e isto também é parte do discurso neoliberal. Tem sido dito que o que nós temos que fazer agora é centrar a Educação Popular nas atividades produtivas, através de cooperativas ou de qualquer outra coisa. O que eu digo é o seguinte: que isto seja feito, mas, por favor, que Educação Popular não se restrinja a isto. Se vinte pessoas comem melhor, seria uma loucura sentir-se triste por isso, mas não se deve dormir sobre os louros conquistados. Um educador popular progressista deve continuar o debate sobre, por exemplo, qual é o risco de inserir-se no sistema capitalista. Porque não há dúvida de que um grupo, uma cooperativa de produção e de consumo dentro da sociedade capitalista será capitalista, e como capitalista também irá prejudicar os seus companheiros. Não há dúvida disso... não há dúvida. Irá fazer a mesma coisa com seus companheiros e irá entrar na mesma lógica do que faz o patrão com seus empregados, porque isto faz parte da lógica natural do capitalismo, que é mudo em si mesmo. Olhem, Deus faz milagres, mas não absurdos; não transformará o capitalismo em uma postura humanizante. Não, nem Deus pode fazer isso, porque Deus tem uma lógica que Ele respeita. Talvez alguns bispos e papas tenham tentado, mas Deus não.

É neste sentido que eu penso e peço desculpas por parecer pouco humilde, mas continuo dizendo que Freire não passou, assim como não passou ninguém que defenda uma posição dialética, uma posição progressista, uma posição que não se iluda com estes cantos de sereia que temos atualmente... com esses discursos. Então, tanto hoje como antes, o desafio para uma reflexão crítica em torno da História, o desafio para um conhecimento mais crítico de como a sociedade trabalha e funciona, está no centro da própria preocupação com a Educação Popular. Na América Latina – ou em qualquer outro lugar –, poderíamos ver "n" elementos que contribuem para esta inserção crítica das classes populares em busca do poder e da reinvenção do poder. Não se deve apenas tomar o poder, é preciso também recriá-lo.

Eu acredito que vocês já estão desenvolvendo uma das virtudes dessa luta, de acordo com o que li em alguns relatórios. Por exemplo, a tolerância, da qual vocês me falaram ontem. Em sociedades como as nossas, que vivem experiências ininterruptas de autoritarismo, a intolerância é uma coisa terrível. O intolerante simplesmente recusa o diferente; basta ser diferente para que o intolerante não o aceite.

Isto é um absurdo, primeiro, porque as pessoas têm direito de ser diferentes. Segundo, porque o mundo seria profundamente intragável se todos fossem iguais. Certamente eu não gostaria de viver se todas as pessoas fossem como eu. Eu tenho que ser eu mesmo, como sou, diferente dos outros.

Mas voltando ao assunto de que o tempo de Freire passou, eu insisto no contrário, pois também não passou o tempo da compreensão crítica do mundo. Mas não se deve entender compreensão crítica por racionalismo. Não é reduzir a experiência humana ao racionalismo cartesiano. Não é isto. Por outro lado, não é pretender um conhecimento total sobre o mundo. Hoje em dia já descobrimos que isto é impossível, mas não podemos negar que o exercício de transformação demanda uma afirmação política que, por sua vez, demanda uma opção ou ao demandar uma opção política acarreta um processo de ruptura. Não existe opção sem ruptura e não existe ruptura sem decisão; não existe decisão sem eleição e não existe eleição sem comparação; não existe comparação sem avaliação e não existe avaliação sem conhecimento dos negados e dos avaliados.

Então, o processo de transformação é estético, ético, político e cognoscitivo. Implica que eu devo conhecer cada vez mais, não somente o objeto que eu quero transformar, mas as razões pelas quais eu devo transformá-lo, as finalidades pelas quais eu devo transformá-lo. Isto implica também que eu preciso conhecer algo mais além do próprio objeto. Então, tudo isso significa um exercício crítico de percepção do mundo; uma lucidez e não uma paixão pura, que também deve existir, porque é com meu corpo inteiro que eu vou à luta pela transformação: é com a minha paixão, com meu desejo, com minha frustração, com meus medos etc. etc., mas também com meu saber. Então, neste sentido, o tempo de Freire ainda não passou. Se alguém me provar que é possível desenvolver um processo de transformação sem nenhuma preocupação cognoscitiva, ética, estética, então eu retirarei todos os meus livros das editoras e farei um comunicado ao mundo dizendo: "Realmente passei." Mas ninguém pode provar isso. Agora, é preciso mudar os métodos de trabalho, as leituras sectárias do mundo, a maneira como tratamos os temas; tudo isso tem que ser constantemente reinventado e eu diria que para estas coisas não deve haver receitas. É preciso fazer tudo isso.

Creio que pelo menos disse a vocês como eu me situo. Entretanto, estou totalmente aberto à mudança. Eu espero, depois da publicação desse livro que acabo de finalizar,* que muitas críticas sejam feitas porque eu critico duramente esse tipo de neoliberalismo, de discurso adocicado, manhoso, mentiroso contra nós, e digo que, para mim, o meu sonho socialista está mais vivo do que nunca. Minha utopia vem desde minha na infância e está cheia de vida, de inspirações, de sonhos. Escrevi 250 páginas de um livro sobre tudo isso, mas se me convencerem de que eu estou enganado... eu mudo.

---

* Trata-se de *Pedagogia da esperança: um reencontro com a* Pedagogia do oprimido; ver nota 2, Parte III, Chile.

9

Debate

Consultas I:
Primeira rodada de perguntas

Um dos aspectos fundamentais para a educação, e concretamente no nosso caso, passa pela economia. O senhor, professor, disse algo, mas eu gostaria que desenvolvesse mais o tema.

Temos muitos problemas no trabalho educacional e um deles é o aspecto tecnológico. Como podemos, no âmbito da Educação Popular e também da educação sistemática, acadêmica, enfrentar esta problemática da tecnologia, quando temos tantos outros problemas para resolver?

Eu acredito que a exposição de Freire é um sopro de esperança e nela é possível notar a juventude de Paulo Freire. Penso que, basicamente, todos sonhamos com a utopia. Acho que um tema importante e crítico, especialmente nos dias de hoje, é o das mediações para a realização da utopia. Quando falamos de mediações, trata-se de mediações concretas sobre o que é Educação Popular baseada no âmbito político e social mais abrangente em que nos situamos.

Penso que a Educação Popular é frágil em um aspecto: ela não nos oferece modelos claros de sociedade alternativa. Ainda que a Educação Popular possa despertar a consciência de um amplo setor, ela não oferece a ele um modelo de sociedade. Então, esse setor copia modelos que já existem e, desta forma, fracassa. Por esta razão, digo que a Educação Popular é frágil em um aspecto e corremos o risco de que os grupos organizados, conscientizados, copiem ou aceitem propostas de partidos políticos (de esquerda ou de outra vertente), com modelos que nasceram em outros ambientes. Desta forma, proponho refletir sobre este assunto.

Gostaria que Paulo aprofundasse um pouco mais o conceito de tolerância e diversidade.

O aspecto econômico

PAULO FREIRE: Obviamente eu reconheço a força do econômico, não somente na educação. Muitas pessoas se equivocam ao pensar que podem criar projetos de natureza estética, de natureza pedagógica ou social, sem considerar as bases econômicas que constituem o sim ou o não desses projetos. A base econômica é fundamental para este tema por duas razões: a primeira, porque ela é fundamental, inclusive, para criar a minha ideia e condicionar o meu "eu", os nossos "eu". Segundo, porque sem dinheiro não se faz educação, não se faz nada. Uma das coisas que teríamos que fazer dentro de uma perspectiva obviamente progressista é uma reorientação dos gastos públicos, da política dos gastos públicos e obviamente isto não pode ser feito simplesmente pelo administrador. Por exemplo: eu me lembro de todos os problemas que Luiza Erundina teve para redirecionar os gastos públicos como prefeita da cidade de São Paulo. Ela, como Poder Executivo, pôde fazer muitas coisas, mas não se consegue fazer nada se não se tiver o Poder Legislativo e o Judiciário ao seu lado.

Mas não somente é necessário redirecionar a política de gastos, como também a política de aproveitamento das condições de trabalho e as possibilidades de trabalho das pessoas contratadas, mas que nem sempre trabalham. De acordo com a legislação, com a Constituição Brasileira, não se pode despedir um monte de gente. Então é exigência o dever de reformular o uso do tempo dessas pessoas porque existe gente que está ganhando muito dinheiro público sem, de fato, trabalhar.

Quando eu assumi a Secretaria da Educação, a primeira resolução que assinei foi convocar todas as pessoas que recebiam salários através da Secretaria da Educação para que, em um prazo de três dias, comparecessem em seus postos de trabalho. E recebi pressões de todos os lados para fechar os olhos e deixar as coisas como estavam, mas me recusei a fazer isso. Por exemplo, disse para uma pessoa: "A senhora foi nomeada professora, tem dez anos de trabalho, não pode ser despedida, mas deve estar em seu lugar de trabalho", e ela respondeu: "Mas eu moro em Brasília." Então eu disse: "Deixe o seu trabalho em Brasília e venha trabalhar aqui."

Entretanto, existem momentos nos quais só a reorientação da política de gastos públicos não é suficiente e aí entramos na questão substantiva da produção. É certo que o desenvolvimento econômico dos nossos países latino-americanos tem muitos problemas, muitos freios, e isto influi em tudo. Mas se, além disso, não existir um redirecionamento dos gastos, então não há como trabalhar. E educação é algo que implica investimento. Não se faz educação sem gastar dinheiro; por menos que se gaste, por mais criatividade que uma pessoa tenha no que se refere a aproveitar materiais recicláveis e por mais que possam surgir milhares de ideias, é preciso ter dinheiro e pagar bem os educadores e educadoras.

Eu acredito que o discurso de formação, o discurso científico e também o discurso a favor do gosto de ser educador são palavras ao vento se o educador não tiver condições de se alimentar, de morar bem etc. A materialidade é fundamental, é absolutamente fundamental. Porque, como pode uma professora melhorar cientificamente os seus conhecimentos se ela não ganha o suficiente nem para comprar o jornal? Como ela pode ler um livro ou dois? É preciso estar atento para estas questões.

Em 1990, a Secretaria de Cultura da prefeita Erundina, que era dirigida por uma das grandes filósofas do Brasil, professora Marilena Chaui, gastou alguns milhares de dólares para refazer bibliotecas públicas e modernizá-las, e para fazer isto foi preciso redirecionar a política de gastos. Mas devemos considerar que uma secretaria de governo, antes de ser uma peça técnica de finanças, é uma peça político-ideológica. Você lê uma proposta de orçamento e através dela pode ter o perfil ideológico do governo, de um governo que gasta mil dólares em quatro anos em livros e 200 milhões em salários de funcionários altamente especializados que não trabalham.

Eu estou profundamente preocupado pela questão econômica dos seguintes pontos de vista: por um lado, basicamente reconhecendo na produção um elemento, não diria determinante, nem mesmo Marx disse desta forma, mas sim condicionante da subestrutura que é a educação e, por outro, porque para desenvolver uma educação menos ruim é preciso investir dinheiro na capacitação dos funcionários. Agora, além disso, temos que considerar a questão da formação do educador e, em primeiro lugar, fazer morrer e ressuscitar um novo tipo de educador. Neste sentido, pouco fazemos. É uma questão para cem anos e já deveríamos ter começado há muito tempo.

O aspecto tecnológico

O aspecto tecnológico também é uma coisa interessante e no discurso pós-moderno sectário ele está claramente inserido. Vou discutir dois pontos: um é a ideologia, o outro é a tecnologia como expressão de uma opção ideológica no sentido de reduzir toda a prática educacional à prática tecnológica. Não é por acaso que as universidades norte-americanas dão muita ênfase aos seus departamentos de educação tecnológica. Mas, atenção, eu não estou dizendo que não devemos utilizar a tecnologia. Pelo contrário, eu acredito que um homem e uma mulher têm que estar à altura do seu tempo, e não é possível que nos dias de hoje um educador negue o computador, o vídeo e os inúmeros elementos tecnológicos que podem ajudar no seu trabalho pedagógico. Por exemplo, fui convidado por um dos pais do uso tecnológico e da tecnologia como busca humanizante, o professor Seymour Papert, do MIT [Massachusetts Institute of Technology], que trabalha com modelos de computação para crianças, para um encontro internacional em março do ano que vem em Boston, para discutir a questão da tecnologia e da educação: o que fazer, como trabalhar as duas coisas. Enfim, acredito que, primeiro, não se deve reduzir a educação à uma tecnologia; segundo, é preciso criar novos saberes, novas metodologias, novas relações entre os sujeitos que buscam o saber e as tecnologias mais avançadas postas a nosso serviço.

Eu sei que uma coisa não pode estar separada da outra, mas vejo que a dimensão mais substantiva da questão é a primeira, a redução da educação a uma tecnologia. A educação se serve da tecnologia, mas é mais do que a tecnologia. Segundo, eu acredito que o uso de técnicas, o uso de materiais, é indispensável; o educador ou a educadora tem que libertar a sua imaginação para inventar "n" coisas com as crianças. Às vezes não existem brinquedos, mas é possível construir os brinquedos. O problema é que vivemos tão longe das possibilidades concretas da cultura popular que não sabemos usar os elementos criadores que elas possuem e que também são técnicos.

Há pouco tempo uma educadora me disse rindo que um menino tinha sido submetido a uma bateria de testes para medir sua capacidade rítmica e que esses testes indicaram que ele tinha dificuldades rítmicas e que não tinha capacidade de aprender. Por essa razão, não podia alfabetizar-se. Vejam só, não tinha ritmo, então tinha dificuldades motoras etc., e ela me disse que quando estava lendo o resultado do teste, o menino, que estava acompanhado de sua mãe, assoviava e dançava batendo o ritmo do samba numa caixa de fósforos. O corpo do menino *desenhava* a sala e os testes o consideravam incapaz. Então, essa ignorância da escola com relação ao que é o aluno é uma coisa trágica, e isto, no meu entender, revela, primeiro, uma dimensão ideológica que implica a realização de uma espécie de psicanálise histórico-cultural-ideológica-política-social das educadoras para que descubram no mais íntimo delas mesmas as marcas da ideologia dominante, segundo a qual as crianças populares são ontologicamente incompetentes. Se a criança é popular, então por natureza é incompetente em todas as atividades, não pode aprender a ler etc. Isto está dentro de muitos professores, não da maioria, mas sim de uma grande parte deles. Foi uma das grandes brigas que tive quando fui Secretário da Educação da cidade de São Paulo: incentivar que professores e professoras assumissem ou desvelassem a ideologia elitista embutida em cada um deles ou delas. Penso que, ao mesmo tempo que os professores desenvolvem sua formação científica, teriam que fazer um exercício psicanalítico. Não é necessário o divã, mas é necessário possibilitar a saída de todas essas marcas, esses sinais elitistas, profundamente elitistas, e trabalhar para que os professores, no final, queiram se abrir para a cultura popular.

Mediações para a utopia

A primeira coisa que os utópicos e utópicas devem fazer, constantemente, é trabalhar para que a utopia torne-se possível; a única maneira de vivenciar a utopia é viabilizando-a. Se nós não a viabilizarmos, ela continuará sendo inevitavelmente utópica, no sentido negativo da expressão e não no sentido verdadeiro da palavra: que ela é um sonho impossível hoje que é preciso tornar possível amanhã. E no processo desta busca é que as mediações se impõem, mas para que se descubra e se acredite na mediação, novamente é necessário o conhecimento, porque eu não posso trabalhar as mediações por pura intuição e ainda quando intuitivamente alcançar certas mediações, preciso daquela que me faça cada vez mais crítico, que eu apreenda, sem sombra de dúvida, o papel mediador da prática na qual estou inserido.

Por exemplo, quando um general dá um golpe de Estado, ele procura as mediações, entendem? O Golpe não nasce puro e casto. Nasce envolto em mediações. Às vezes, a mediação é uma mediação profundamente pessoal. Entretanto, existe, e é algo que se necessita para caminhar com a prática e novamente eu acredito que quando vocês propõem isto, sua curiosidade pode receber a denominação técnica de epistemológica, porque não é uma curiosidade simplesmente em torno da superficialidade do objeto, é uma curiosidade que leva a adentrar-se no objeto para compreendê-lo em sua razão de ser. Não é fácil fazer isto. Não é fácil fazer política, e isto que estamos discutindo aqui e que se chama Educação Popular é política, é prática política na mais pura expressão, e envolve processo cognitivo, processo de conhecimento, finalidade etc. É prática política.

Modelo de sociedade alternativa

A seguir vem a discussão sobre a falta de alternativas nos dias de hoje, sobretudo depois da queda do chamado mundo do socialismo realista. De repente, as esquerdas do mundo inteiro levaram um susto, a direita ficou convencida, atrevida, em seu discurso neoliberal. Mas eu não tenho dúvida de que isso não vai subsistir. Esse discurso não durará 15 anos. Não só na Europa, mas também nos Estados Unidos, esse discurso começa a ser discutido, principalmente em relação ao papel do Estado, porque um dos conteúdos desse discurso é que o Estado deve renunciar a tudo; quase chegam à utopia marxista do desaparecimento do Estado, só que nesse caso tudo deve ser privatizado. No fundo, o que a classe dominante faz é privatizar o Estado; o Estado passa a ser propriedade da classe dominante. Mas esta onda neoliberal é voltada para a América Latina e não para os sistemas fortes como os Estados Unidos, a Alemanha e o Japão.

Por outro lado, até agora o mundo capitalista jogava sobre o mundo comunista a culpa de tudo. O mundo capitalista não podia resolver o problema da fome dentro dele porque tinha que se preocupar com as "maldades" do mundo comunista, mas agora o capitalismo terá que resolver seus problemas sem jogar a culpa em um bode expiatório. Por exemplo, o que acontece com a tão falada excelência do capitalismo? Eu me pergunto: que excelência é essa que convive com milhões de pessoas nas ruas? Para mim, basta que um homem e uma mulher estejam na rua, sem casa, para que eu diga que essa economia anda mal. Acontece que não é apenas um homem e uma mulher, não são somente duas pessoas na rua, são milhares de pessoas e elas estão nas ruas porque se diz que a responsabilidade é delas. Porque esse tipo de sociedade cria uma ideologia que faz com que o ideologizado assuma a responsabilidade pelos fracassos criados pelo sistema. Então, eu vou para a rua não porque o sistema é mau, mas porque eu fracassei como pessoa. As crianças negras norte-americanas não aprendem bem o inglês não porque são discriminadas e maltratadas, mas porque "são inferiores". Onde está a excelência de um sistema que convive com a discriminação, com a morte? Que excelência é essa que permite que o líder máximo do sistema se recuse a assinar, no Rio de Janeiro, um documento que defendia um mínimo para os povos dominados, quando eles levam tudo o que temos e depois os vendem como bananas? E isto não é porque o presidente norte-americano seja mau em si mesmo, porque cada um de nós tem suas próprias maldades. Mas nós somos seres sociais e históricos e não podemos cultivar virtudes em uma terra sem virtudes.

Desde que se fala de socialismo, e começando pelos utópicos aos quais teríamos que voltar, até hoje eu nunca encontrei um momento tão propício na História para a realização de nossa utopia. Certamente não para mim, para a minha geração, talvez para nossos netos, o que já é formidável, porque eu costumo dizer que 15 ou 20 anos na vida de uma pessoa pesa muito, mas vinte anos na vida do Brasil ou de qualquer nação não é nada. Eu não vivo em função dos meus 70 anos, vivo em função dos mil anos que o Brasil terá, dos 2 mil anos de história total do meu país, do seu país, dos nossos países. Então, eu não trabalho em função de mais cinco anos que terei ou de mais dez anos, pelo menos, produtivos, que ainda viverei... talvez daqui a dez anos eu fique um pouco mais em casa, se estiver vivo, o que eu espero que aconteça. Mas eu trabalho, falo, canto, grito, amo, tenho raiva, ódio, em função da História que está para ser feita nos nossos países e deste ponto de vista nunca tivemos um tempo melhor do que este. No meu entender, está sendo tirado o disfarce de toda uma ideologia disfarçada e disfarçante. Agora, ela não se rompe sozinha, é preciso quebrá-la, isto é, temos que trabalhar neste sentido. E neste sentido gosto do partido ao qual pertenço no Brasil, o Partido dos Trabalhadores, que continua dizendo "não", continua recusando certo tipo antiético de conciliação. Continua gritando, continua denunciando o presidente Collor. E não é por coincidência que tivemos, nós, do PT, milhões de votos. Lula quase foi presidente da República e quando eu viajava para cá li os resultados de pesquisas feitas em todo o país, que revelavam que Lula ganharia a eleição se esta fosse agora. Como isto pode ser explicado? As pessoas sabem que Lula faz um discurso socialista não louco, mas socialista-democrático.

No Brasil, existem pessoas que morrem de medo de Lula porque ele é um operário. Sim, um operário. Lula fala e a situação histórica do Brasil muda em três meses, o povo sai às ruas novamente. Isto não significa que o presidente Collor deva ser expulso através de um golpe. Nunca, porque seria atrasar o processo político do Brasil e também da América

Latina, seria um péssimo exemplo para o mundo. Mas, ainda que permaneça como presidente através de um artifício, a História brasileira mudou de qualidade em três meses!

Para mim, um dos nossos grandes riscos é cair na tentação da imobilização fatalista. É o risco de dizer: não há nada a fazer, essa gente tem muito poder e não podemos fazer nada. Eu acredito que podemos fazer algo. A própria experiência de alternância de governos. Por exemplo, tivemos agora um governo na cidade de São Paulo por quatro anos e fizemos coisas diferentes nestes quatro anos: acabamos com a desonestidade no nível mais alto, prevenimos no nível intermediário, mas, infelizmente, não ganhamos a batalha no nível mais baixo...

Os fiscais (alguns) continuaram fazendo coisas... mas foram somente quatro anos... Se tivéssemos oito, provavelmente chegaríamos até a base. Trouxemos as massas populares para dentro dos organismos públicos para discutir com a prefeita o projeto de orçamento da cidade. Não existe maior participação do que esta: participar da organização do orçamento público. Transformamos a escola... isto só em quatro anos. Amanhã entra um governo de direita, desfaz 50% do que fizemos, depois de amanhã ganhamos de novo e é assim, indo e voltando que fazemos a História enquanto continuidade e, sobretudo, enquanto possibilidade. A História é possibilidade e não determinação.

Tolerância

O meu discurso é um discurso de tolerância. É um discurso que, sendo tolerante, defende a unidade na diversidade. Isto significa que não é possível continuarmos separados na América Latina só porque o imperialismo precisa que estejamos separados. É preciso vencer o poder das classes dominantes que também não nos querem unidos para, assim, poder explorar-nos. É preciso ir além das diferenças para ganhar, criar e inventar uma unidade necessária e indispensável. Eu diria aos senhores que a unidade na diversidade é algo que se inventa politicamente. Ela não existe como fenômeno espontâneo. Ela só existe como fenômeno criado, inventado, e por isso é um ato político, de decisão política, no qual as lideranças devem transformá-la em um objeto pedagógico, isto é, discutir com os grupos populares sempre que possível o que é a unidade na diversidade.

Consultas II

Uma questão que me preocupa muito e é uma preocupação de todos é o papel do educador popular... digamos... o seu principal perfil. Fala-se muito de coerência, a coerência da vida do educador e também a coerência devida, no sentido do dever ser. Porque não podemos fazer uma Educação Popular desinteressada, sua definição é a de tomar uma posição. Então, ao tomar uma posição, deve estar necessariamente localizada em algum lugar, com uma perspectiva diferente.

Outra coisa que me preocupa bastante e que se discute muito é a formação que o educador popular deve ter. É uma formação não acadêmica, é uma formação necessariamente sobre a experiência, é lógico, mas de onde parte e para onde vai? Esta formação é vista a partir de que perspectiva? E uma coisa que sempre me ajuda a refletir é o que disse um educador popular muito famoso, Jesus Cristo: "onde está seu tesouro, está seu coração." E nesse sentido me parece que se deve olhar a coerência e o que estamos procurando através do ato de educar. Não estamos a serviço de uma ou outra educação, mas sim a serviço do homem e da mulher.

Acontece que, como o meu campo é o campo visual, eu confio muito no que se vê e não só no que se ouve. O que se vê fica, o que se ouve passa. Eu tenho muito medo das palavras, sempre recorro ao exemplo da Torre de Babel e acho que continuamos na Torre de Babel em muitos aspectos. Eu queria pedir ao professor Paulo Freire que me desse não definições, mas conceitualizações de termos paralelos que às vezes não são tão paralelos. Os binômios seriam: Educação-Instituição; Ensino-Aprendizagem; Conteúdo-Forma e, finalmente – este eu não entendo como binômio como os outros pares –, o conceito de método como modelo. Não sei se é necessário que eu explique um pouco mais este último aspecto como modelo. Acho que seria interessante dizer por que penso assim: o que dizia o professor Paulo Freire sobre a aparência pessoal do educador, a importância que isto tem, e eu tinha anotado aqui a atitude e o respeito. Muitas vezes não é preciso fazer uma reverência para demonstrar respeito, exatamente o contrário, mas acho muito importante considerar o método como modelo. E gostaria de ouvir a opinião do professor Freire.

Muitas vezes, o que faço ou o que digo não tem tanta importância como tem "como eu faço" ou "como eu digo"; isto, para mim, é o método. Meu campo é a educação pela arte, que talvez pareça um pouco elitista, mas, para mim, não é. É o modo, o que pode ser usado em qualquer outro campo educacional, porque o termo arte, para mim, também não é o que geralmente significa (e aí entra a Torre de Babel), mas, sim, a expressão, a expressão com excelência. Gostaria de saber se estou tão errado ou se essa ideia, esse sonho, essa utopia de utilizar a educação pela arte na Educação Popular é ou não um caminho possível.

PAULO FREIRE: Vou tentar dar minha posição frente à Educação-Instituição; Ensino-Aprendizagem; Conteúdo-Forma, mas começo pela última parte.

Estou totalmente de acordo com você. Mas sou tão radical na questão da compreensão da educação como arte que nem sequer uso a expressão que você usou de educação através da arte, que é o título do famoso livro de Herbert Read.* E não uso porque, para mim, educação já é arte, então não falo de educação pela arte porque ela é artística desde que começa. Agora compreendo inclusive o uso tácito da expressão e tento também poder usar a arte como conteúdo de educação que incremente a arte. Por exemplo, não foi coincidência que, quando assumi a Secretaria de Educação de São Paulo, procurei em diferentes áreas da atividade universitária professores e professoras da Pontifícia Universidade Católica de São Paulo (PUC-SP), da Universidade de São Paulo (USP) e da Universidade Estadual de Campinas (Unicamp) e organizamos grupos de trabalho no campo da Linguística, da Física, da Matemática, da História, da Filosofia, das Ciências Sociais e cheguei a ter oitenta dos melhores professores do estado de São Paulo. Essa administração trabalha até hoje com cursos-grupos-sínteses através de convênios que assinei com os reitores dessas universidades. E um dos primeiros grupos constituídos foi o de arte, educadores liderados por Ana Mae Barbosa, que é uma *expert* de tudo isso.

---

* Paulo se refere a *Education Through Art*. Nova York: Pantheon Books/ Random House, 1974.

Desta forma, estou totalmente de acordo com você, totalmente de acordo com a sua interpretação sobre o método e a importância do método enquanto criação do educador. Eu estou totalmente de acordo com isso; por esta razão, dois educadores nunca são iguais. Se o método estabelecido pelo professor A, B ou C como técnica pudesse ser vivido igualmente por todos, todos ficariam iguais... isto não é possível.

Você assiste a uma educadora que se movimenta de tal maneira na sala, que usa seu corpo e sua linguagem eficientemente na comunicação, com seu próprio método. E isto é de uma importância fantástica porque, como eu dizia, às vezes o mais importante não é o que o educador diz, mas como ele faz o que diz. Portanto, estou totalmente de acordo com você.

Agora, com relação a esse conjunto de aparentes antinomias, eu diria que aí a relação é dialética entre os diferentes polos. Por exemplo, não existe instrução que não seja educativa e não existe educação que não seja instrutiva; então, separar instrução de educação é uma ingenuidade. Dizer, por exemplo, "Agora ele é somente instrutor" é de uma ingenuidade total e dizer "Agora ele é mais educador do que instrutor", isto não existe. Quando você instrui, educa; quando você educa, instrui. Um grande educador italiano chamado Lombardo Radice disse: "A instrução e a educação são os dois lados de uma mesma moeda." Desta forma, o educador deve viver a dialeticidade entre instruir e educar. Isto tem a ver com o ensino e o aprendizado, já que não existe ensino sem aprendizado e não existe aprendizado sem ensino. Os dois, juntos, constituem momentos fundamentais de um processo: o processo de conhecer.

Nesse processo encontram-se comprometidos os dois: o educador, por um lado, e os educandos, por outro. O educador, enquanto ensina, aprende. Primeiro, aprende a ensinar; segundo, reaprende o aprendido que ensina, que é a coisa já aprendida que está ensinando; terceiro, aprende com o aprendizado do aluno, o educando; quarto, aprende novamente porque revê ou refaz a sua cognoscitividade na cognoscitividade do educando.

É assim na educação-instrução, no ensino-aprendizado. Não existem dicotomias. Existe dialeticidade. Acontece a mesma coisa com relação ao conteúdo e a forma. Não é possível separar uma coisa da outra. Toda forma contém um conteúdo e todo conteúdo veste-se de certa forma. E os dois têm que ser coerentes entre si. Não é possível, por exemplo, ter um conteúdo progressista em uma forma reacionária e vice-versa. A direita jamais faz isto. O que a direita faz, com muita habilidade, é um *discurso* progressista e uma *prática* reacionária. Faz isto com bons resultados – Collor fez isso com ótimos resultados –, o que, no fundo, é populismo. Ele fez um discurso no qual anunciava, por exemplo, posturas progressistas como "caçar os marajás", só que ele mesmo era um dos "marajás". Não podia caçar a si mesmo. Enfim, a relação entre conteúdo e forma é também uma relação dialética.

Com relação à outra questão, quando alguém se pergunta sobre o perfil do educador popular, em primeiro lugar, é preciso definir que tipo de educador popular, porque a direita também tem educadores populares e o perfil do educador progressista não pode ser o mesmo que o do educador reacionário e vice-versa. É necessário delimitar esse perfil e isto não é sectarismo, de maneira nenhuma. Sectarismo seria negar ao educador popular de direita o direito de trabalhar. A questão também é contraditória, justaposta. Inclusive o perfil de um educador progressista deve ser feito por ele mesmo, em sua prática. Entretanto, não tem problema se, ao partir para a sua prática, ele já tiver algumas "notas", algumas "pistas" sobre o que pode ser esse perfil. Por exemplo, um educador progressista, popular, deve ser, para mim, uma pessoa humilde. Isto é, deve estar aberto à verdade popular, que não é necessariamente sempre a "sua" verdade. Isto significa que o educador popular progressista deve reconhecer e respeitar a verdade popular. Reconhecer, por um lado, a existência de um "saber popular" que se constitui na própria prática social da qual os grupos populares fazem parte. Uma sabedoria que se prepara, que se constitui somente porque as massas trabalham ou não trabalham. Isto é, o fato da massa popular estar "viva" faz com que produza certa cultura e certo saber.

A humildade do educador progressista propõe a ele ou a ela a abertura e o respeito necessários para essa sabedoria, da qual muitas vezes o educador progressista escapa. Por exemplo: uma vez, um educador de São Paulo me disse que em um grupo, em um círculo de cultura que tratava de alfabetização, durante a discussão, um homem do nordeste brasileiro referiu-se à questão da noite e do dia. E o homem deu uma explicação que o grupo inteiro aceitou. Vou repetir a belíssima explicação que não corresponde a nenhum achado científico. O homem disse: "A noite é o resultado do cansaço das baterias do sol, quando o sol se esgota por causa do seu trabalho durante o dia inteiro; então, entra em um grande túnel que está feito para isto e ali descansa, enquanto suas baterias são recarregadas, e quando estão prontas, chega o amanhecer e ele sai do túnel iluminando o mundo." É uma coisa linda, mas não é científica.

Este é um saber do senso comum, mas existem outras expressões do senso comum que têm quase o mesmo rigor que nós temos na ciência. Qual é o papel do educador popular frente a isso? É respeitar, não dar um sorriso irônico para esta definição do sol, da noite e do dia. Se amanhã houver um interesse em aprofundar isto, o educador poderá voltar e trazer um embasamento científico, pode inclusive trazer um físico que irá explicar um pouco esse fenômeno.

Outro caso recente: eu trabalho todas as terças-feiras em Campinas com um grupo de cientistas, físicos, matemáticos, biólogos, filósofos, que chamamos O Clube da Rúcula, porque todos comemos rúcula. Nossas reuniões são sempre das 9 horas às 12h30 em torno de uma mesa comum com travessas de rúcula e uma garrafa de excelente cachaça de alambique. Discutimos mais de três horas sobre ciência, epistemologia, filosofia da ciência, saber popular, a questão do senso comum etc. E em um desses dias, um biólogo (essas pessoas trabalham muito com os índios) contou-nos que um rapaz, um adolescente, forte, disse-lhe: "Olha, amanhã eu vou te ensinar a pescar com um arpão." E o cientista, curioso, que não queria perder nenhuma oportunidade de aprender como o índio fazia, disse: "Sim, vamos." No dia seguinte, saíram muito cedo em uma canoa e em seguida apareceu um peixe lindo e então o rapaz disse ao cientista: "Olha, agora eu vou caçá-lo." O cientista observou que o rapaz lançou o arpão não diretamente no peixe, mas entre o peixe e a canoa... e o pescou. Tirou de dentro d'água o peixe e o cientista entendeu o que aconteceu, mas queria averiguar como ele sabia e disse-lhe: "Olha, não entendi, você lançou o arpão não no peixe, mas entre o peixe e a canoa. Como pode ser?" E ele respondeu: "Eu lancei o arpão no peixe, mas os seus olhos foram iludidos. Isto é a ilusão dos olhos."

A refração, para eles, os índios, é a ilusão dos olhos. Para nós, é refração, entende? Agora eu me pergunto: o que deveríamos fazer com o que disse o índio naquele momento? Dizer: "Não, não é nada de ilusão dos olhos, é um fenômeno físico, que nós, brancos, chamamos há muito tempo de refração da luz etc. etc." Não! Se amanhã as condições econômicas desta comunidade mudar, se houver uma modernização capitalista, socialista, não importa, qualquer das duas terá a necessidade de ir mais além da interpretação da "ilusão dos olhos".

Estas são virtudes de humildade, da capacidade de abrir-se para a cultura popular, para a compreensão popular, para a compreensão mágica do mundo. São qualidades que os educadores populares têm que criar se forem progressistas, mas se forem de direita acontece o contrário.

Outra qualidade que eu vejo é a seriedade, o respeito na maneira de dar testemunho aos grupos populares de como trabalhar, de como fazer as coisas. Por esta razão, por exemplo, eu nunca aceitei que um jovem ou uma jovem de classe média, que estão acostumados a usar seus tênis de marca, só porque vão a uma área popular, rasguem o tênis para dar a impressão de que são "pobres". Não, isto é falso. O grupo popular sabe que é mentira porque adivinha, conhece, até pelo cheiro do corpo, o que não é daquele espaço. Então é mentira e mentindo não se muda o mundo. Devemos ser sérios, honrados.

Outra qualidade é a de não ter vergonha e medo de dizer quando se está cansado. E agora eu quero e devo dizer-lhes: eu estou cansado.

Educação Popular no Paraguai:
Nossas perguntas a Freire

Com base nas perguntas anotadas em fichas individuais, foi feito um reagrupamento de temas para serem apresentados a Paulo num segundo momento do seminário, assim organizados:

1. Educação Popular. A inserção dos intelectuais nesse processo. A mulher: o problema do gênero. As crianças na Educação Popular;
2. Efeitos e mudanças alcançadas pela Educação Popular na formação, desenvolvimento e consolidação das organizações populares na América Latina;
3. A intencionalidade da Educação Popular e seu modo de avaliar com indicadores verificáveis: o problema do assistencialismo e da autogestão;
4. O educador: seu poder, limites, carisma, protagonismo, impaciência e seus limites;
5. Educação Popular – Cultura. Herança cultural. O problema da história cultural. A identidade e a resistência cultural;
6. Relação educador-base-organização-povo;
7. Educação Popular política: política partidária, organização, o problema do poder. Autonomia da Educação Popular. Até onde existe autonomia na Educação Popular;
8. Aspectos metodológicos. A Educação Popular e a educação formal: sua possibilidade na educação oficial. Passagem da consciência ingênua para uma consciência crítica e o compromisso transformador;
9. A Educação Popular e o ritmo histórico. Vinculação da ação reivindicativa, econômico-salarial-produtiva, com

um processo educativo libertador. A avalanche técnico-científica no desenvolvimento da Educação Popular;
10. Sobre a realidade brasileira: a contribuição das igrejas na formação da consciência de classe no Brasil. Como foi o desenvolvimento organizacional e de classe no Brasil;
11. Algumas respostas a partir da Educação Popular para a avalanche neoliberal na América Latina.

PAULO FREIRE: Minha primeira reação diante destes temas é que eles formam o índice de um livro que eu não poderia escrever.* Penso que é complexo, mas é um livro que poderíamos escrever juntos.

1. Educação Popular. A inserção dos intelectuais nesse processo. A mulher: o problema do gênero. As crianças na Educação Popular.

PAULO FREIRE: Obviamente que na Educação Popular, inclusive de um ponto de vista reacionário-conservador, provavelmente também há uma preocupação com estes elementos ou componentes, mas com relação a como aproveitar os intelectuais para continuar enganando com mais eficiência. E possivelmente existe a preocupação de como trabalhar com as mulheres, mas também em um sentido enganoso. Acredito que este tema é delicado, pois é um dos ângulos em que muitos de nós, homens progressistas, nos contradizemos: fazemos um discurso progressista, falamos contra a exploração e, entretanto, somos machistas. Acho isto

---

* Algumas respostas de Paulo não contemplaram a totalidade da questão proposta ou não foram transcritas no livro *Dialogando con Paulo Freire*. Assim, obviamente, não poderiam fazer parte deste livro.

um horror. O fato é que eu conheço muita gente revolucionária que dentro de casa é diferente, que manipula o destino da mulher. É claro que há anos as mulheres começaram a lutar e estão mais independentes, mas existem contradições enormes, inclusive na linguagem. Nossa linguagem continua sendo uma linguagem de "macho" e dizemos que é uma questão de "sintaxe", uma questão de gramática, e não é. Por exemplo, como explicar que neste lugar, com uma quantidade grande de pessoas – suponhamos que haja apenas um homem e todas as demais sejam mulheres –, eu tenha que dizer "todos vocês". Por quê? Não me digam, por favor, que é porque quando existe um homem e uma mulher a concordância deve ser feita no masculino. Por que todos e não todas? Quem estabeleceu esta regra? Só existe uma explicação: é a ideologia machista através da linguagem, que não é neutra. Desta forma, também é preciso revolucionar a linguagem. Isto quer dizer que, se nós pretendemos fazer transformações no mundo, temos que reinventar uma linguagem para que não seja mais machista. E o que é fantástico é que as mulheres assimilam isto. Elas são invadidas pela linguagem do macho e a seguem; elas também dizem "todos vocês" e só existe um homem. Se eu disser "todas vocês", o homem que está aqui ficará aborrecido comigo ou pensará que eu sou um ignorante da sintaxe. Por exemplo, neste último livro que eu escrevi, a *Pedagogia da esperança*, dedico toda uma parte a isto porque a linguagem da *Pedagogia do oprimido* é uma linguagem totalmente "machista". Quando o livro saiu, na década de 1970, eu comecei a receber cartas dos Estados Unidos de mulheres elogiando-o, mas dizendo: "O senhor é contraditório; disse em uma parte do seu livro: 'Eu acredito na capacidade dos homens de mudar o mundo', e por que não das mulheres também?" E eu me lembro que, quando li as primeiras cartas, disse para minha primeira mulher: "Meu Deus, quando eu digo 'homem', incluo também a mulher!" Esta é a explicação manhosa, ideológica, com a qual todas as crianças aprendem e crescem, porque se eu dissesse "As mulheres um dia transformarão o mundo", nenhum homem se incluiria. Agora, quem determinou que ao dizer "homem" a mulher está incluída? Os homens inventaram isto.

A linguagem, meus amigos, é ideológica. É preciso saber, sentir, perceber, que a linguagem não é neutra, é ideológica. Está impregnada de ideologia. Quantas expressões existem, por exemplo, como estas: "Você conhece a Maria?" e outra pessoa diz: "Ah! Sim, eu a conheço, é... (e fica assim, sem saber como continuar o discurso) uma moça negra, mas excelente." E por que o "mas"? Eu nunca escutei ninguém dizer: "É uma moça loira, de olhos azuis, mas excelente." Mas sendo uma moça negra, o "mas" cai muito bem. Exatamente porque "mas" é uma conjunção adversativa. Isto é, uma conjunção que une uma oração que contradiz em certo sentido a outra. Ou seja, como se sendo negra não pudesse ser excelente. Então, o que é isto? É uma linguagem ideológica com relação aos índios, com os negros, com as mulheres, com tudo.

Eu vejo que uma das primeiras preocupações dos intelectuais em uma Educação Popular progressista é, primeiro, prestar atenção neles mesmos, fazer sua própria conversão. É necessário converter-se e não é fácil. As marcas machistas em nós são muito grandes. Nós temos o machismo dentro e não é fácil superar isto. E o pior é que não basta superar o machismo no discurso. Por exemplo, eu conheço muitos homens que não arrumam a cama onde dormem com sua mulher porque isso é tarefa da mulher. Por que somente a mulher tem que arrumar a cama onde fizeram amor? Por que, se é tão fácil para os homens?! Eu conheço homens incapazes de tirar os pratos da mesa. Só alguns são capazes de servir o vinho ou alguma outra bebida aos amigos que convida para comer em sua casa, mas a mulher faz tudo, e quando não é sua mulher, é uma mulher mal paga, explorada, que está na sua casa trabalhando como doméstica. Eu não quero dar a impressão de que sou um padre; ontem inclusive uma jovem jornalista fez uma brincadeira e me perguntou quando eu larguei a batina e eu disse: "Não passei nem pelo seminário, nunca!"

Não quero dar um sermão, um discurso de natureza religiosa, mas é verdade, é uma questão de coerência. Falamos pela manhã sobre a necessidade de ser consistente, de procurar uma consistência entre a palavra e a prática e reconheço que este é um dos campos mais difíceis. Eu me lembro, por exemplo, que quando estava em Genebra recebi aquelas primeiras cartas das norte-americanas e depois da quarta eu pensei: o que me indicam é certo, não é verdade que quando eu digo "os homens" eu inclua a mulher. Então respondi a todas elas e comecei um novo momento em minha vida. Isto foi no início de 1971.

Eu me lembro que uma das primeiras coisas que fiz foi falar com meus dois filhos homens, que eram adolescentes, e lhes disse: "Olhem, nós somos três homens explorando as mulheres da casa, uma é minha mulher e mãe de vocês e as outras duas são suas irmãs e minhas filhas e eu acho que não podemos continuar assim", e acrescentei: "Olhem, filhos, nós não estamos arrumando a casa em que vivemos, vocês não fazem suas camas e eu não faço a minha cama e a da minha mulher" (era minha primeira mulher). Outra coisa que eu queria dizer é que um dos meus fracassos foi que não aprendi a cozinhar, mas não aprendi porque ideologicamente não quero, tenho medo. Eu precisaria fazer análise, mas agora não preciso mais, já sei o que é. É que, no fundo, as próprias mulheres (não sei se também no Paraguai) identificam cozinha com feminilidade. E esta é a ideologia que o "macho" pôs na cabeça da mulher: o homem que cozinha é afeminado e a mulher diz: "na cozinha não entra homem" – olha que beleza para os homens! Mas agora é diferente: uma garota requer imediatamente um nível de igualdade em relação ao rapaz e, ou ele aceita isso, ou vai embora – não há outra opção. Existem mudanças tão radicais a este respeito que às vezes é difícil reconhecer. A minha geração não era assim e foi difícil eu me ajustar não só à linguagem, mas também a várias outras coisas. Eu confesso que cozinhar seria um progresso. Sei apenas fazer ovos fritos muito bem, faço bons sucos, preparo bebidas, sei fazer a cama muito bem, ponho a mesa, sirvo. Tudo isto eu sei fazer. Até lavo os pratos que usamos no jantar, mas agora Nita comprou uma máquina de lavar louça e me frustrou: não posso mais lavar. Então talvez vocês digam: "Puxa, Paulo, estamos em um Paraguai explorado e em um Brasil mergulhado na miséria e você fica falando das mulheres e da linguagem machista. É melhor mudarmos primeiro o mundo e depois tratarmos deste assunto." Mas eu lhes digo: não, a mudança da linguagem é parte da mudança do mundo, a mudança da cultura é parte da mudança do mundo, não se deve esperar para fazê-las. É através de exercícios quase sempre penosos que nós também nos formamos.

Enfim, este é um ponto fundamental para um educador popular progressista, porque na medida em que eu tenha uma linguagem puramente machista, provavelmente diminua ou tenha um perfil diminuído da mulher ou tenda a pensar que ela é menos do que eu. Como posso ser um educador para a libertação se parto do princípio de que a mulher é um "pouquinho" inferior a mim? Não se pode deixar este aspecto de fora.

Mas existem outros aspectos aparentemente mais ligados, conectados com as nossas questões. Por exemplo, um deles poderia ser a tarefa do intelectual no campo da Educação Popular. O que fazer se eu sou um filósofo? O que fazer no campo da Educação Popular para que, sem deixar de ser filósofo, eu possa dar uma contribuição aos grupos populares? Até onde o meu exercício reflexivo filosófico pode ser útil para os que trabalham diretamente com os grupos populares? Se eu sou um matemático, por exemplo, se eu sou um biólogo, um historiador ou um professor de gramática, o que eu posso fazer? Há milhares de coisas para fazer, mas a primeira coisa que um intelectual progressista tem que fazer com relação a sua experiência de sabedoria corresponde a mesma coisa que ele tem que fazer com a sua experiência sobre sexualidade. Da mesma forma que esse intelectual hipotético tem que se perguntar sobre as suas relações e sua percepção a respeito do papel da mulher, também tem que se perguntar sobre seu papel como intelectual e acadêmico. Tem que se desfazer de uma ideologia terrível que é a ideologia academicista, que no fundo é elitista e corresponde aos interesses de uma elite da qual este intelectual é um representante. Desta forma, ele deve se perguntar se também é capaz de se entender como intelectual a serviço das classes populares e não somente a serviço de seus alunos curiosos. Se ele é capaz de dar uma contribuição à luta popular e não somente capaz de acompanhar a leitura de textos de Hegel, Marx... É muito pior só saber discutir Marx no livro e não ser capaz de entender Marx na luta das ruas. Isto me parece mais trágico do que dramático.

A mesma coisa acontece no caso da mulher intelectual. Ela também tem que analisar suas relações e seu papel, se exagera ou não quando luta por sua identidade de mulher, se gosta ou não da linguagem machista, se está de acordo ou não que seu marido nunca arrume a cama, nem sequer no domingo, porque tem que ler ou escrever. Porque este era o meu argumento, eu não fazia as coisas da casa porque se eu fosse fazê-las não escrevia. Mas minha primeira mulher, antes que estivéssemos no exílio, fazia as duas coisas: trabalhava na escola e trabalhava em casa com as crianças, cuidava e cozinhava e podia fazer estas coisas. Mas eu, como homem, só podia pensar que estas eram tarefas da mulher. Isso era incrível, incrível. A mulher deve se perguntar se pode ou não continuar assim. Olhem, eu não estou propondo que as mulheres comecem a pedir o divórcio, não. Existem casamentos que duram muito tempo dentro desses parâmetros... mas digo que é um dever, um dever das mulheres, lutar por seus direitos. Eu confesso que não entendo uma mulher que luta pela libertação dos camponeses, mas que não luta por sua própria libertação, não entendo. E vejo aqui uma contradição, por isto devemos ser radicais. Agora, isto não significa que tenham que se separar do marido, fazer greve de sexo...

Eu dizia que se o intelectual é uma mulher é necessário que ela se pergunte o que pode fazer, qual é a sua contribuição para a luta como matemática, por exemplo, hoje em dia no Brasil e provavelmente também no Paraguai. Eu não estou a par da vida acadêmica do Paraguai, mas hoje em dia no Brasil é muito comum que os cientistas se dediquem ao que chamam "etnociência". Esses cientistas com quem eu me encontro todas as terças-feiras fazem exatamente isto: além de dar aulas de Física, aulas de Astronomia em cursos universitários de pós-graduação, discutem com o povo, pesquisam seus níveis de saber, como o povo conhece, como eles sabem. Existem muitas contribuições que os intelectuais e as intelectuais podem dar nesta área. Vocês, por exemplo, têm direito de dizer aos seus companheiros de equipe: "Eu não gostaria de ir a campo, eu não gostaria de ir às zonas sofridas, eu gosto de trabalhar 'teoricamente' a prática dos educadores." Não há porque não experimentar esse "gosto". Podemos, às vezes, convidar um educador que foi ao campo para relatar durante uma manhã a experiência dos camponeses, para que ele possa dizer como entende cientificamente o comportamento A, B ou C dos camponeses. Assim, ambos, educadores e camponeses, poderão dar a sua contribuição.

Não se deve perder nenhuma possibilidade de contribuir para a luta, mas também não se deve impor o que é necessário fazer. Este era um dos erros do stalinismo e existe um exemplo muito claro no Brasil: vocês conhecem o arquiteto Oscar Niemeyer... dizem que ele, enquanto militante do Partido Comunista e membro da juventude do PCB, quando já era famoso, mas ainda jovem, recebeu a ordem para que fosse com os militantes do partido pichar paredes nas ruas, num tempo que a polícia reprimia duramente isto, para que ele deixasse de ser um intelectual distante do povo. Isto é um absurdo. Pois, ao mandar Niemeyer fazer isto, perdia-se um tempo fantástico de sua reflexão e não se ganhava um bom pichador de muros. Isso é uma burrada, uma estupidez.

Eu acredito que é preciso cuidar da especificidade dos intelectuais em um processo de Educação Popular; é preciso aproveitar tudo o que cada um deles sabe, pode e queira fazer bem-feito. Deve-se, por exemplo, pedir aos matemáticos: "Venham conosco um sábado para ver como os garotos do povo vendem e como fazem o cálculo sem saber nada da chamada Matemática Oficial. Estudem propostas para ver como podemos melhorar o ensino da Aritmética e de outros campos da Matemática em áreas populares."

Se você é um matemático ou biólogo, não pode ficar satisfeito somente com as aulas que dá na universidade. Qualquer especialidade pode ser importante para apoiar a Educação Popular, para alcançar uma compreensão mais humanizada e mais científica do que é a identidade cultural do povo. Por exemplo, muitos professores agiram com total falta de respeito com as crianças do povo, pensando que todo conhecimento só se adquire na escola, mas as crianças não precisam da escola para saber – precisam da escola para saber melhor. Agora, para que as crianças saibam melhor através da escola, é preciso que a escola esteja preparada cientificamente, amorosamente, pedagogicamente, para fazer esta tarefa. Então, esta poderia ser uma política de trabalho de grupos que fazem Educação Popular.

Por outro lado, penso que a ação sindical teria que se projetar além das demandas salariais, que são necessárias, muito importantes e necessárias, mas também é preciso pensar em melhores condições de trabalho pedagógico. É preciso pensar, sobretudo, no projeto político-pedagógico da Educação Popular.

2. Efeitos e mudanças alcançadas pela Educação Popular na formação, desenvolvimento e consolidação das organizações populares na América Latina

PAULO FREIRE: Não há dúvida de que no Paraguai, Brasil ou Argentina, não importa onde, com toda a experiência que tivemos com Educação Popular na América Latina, em algumas áreas de maneira mais crítica, em outras áreas menos criticamente, em umas mais facilmente, em outras um pouco mais difícil, que em todos os momentos históricos as práticas foram diferentes.

Uma coisa foi fazer Educação Popular no Paraguai cinco anos atrás, e outra coisa foi fazê-la 15 anos atrás. Fazer 15 anos atrás era muito mais difícil do que cinco anos atrás. A ditadura, há cinco anos, estava provavelmente mudando porque estava "defasada em si mesma" e aí relaxava um pouco "na hora da sesta" e vocês faziam Educação Popular na "sesta" da ditadura. Hoje em dia muito mais pode ser feito. É possível desafiar o próprio governo sem receio de ser imediatamente detido, de modo que se aumentaram os limites da prática, para a prática. No Brasil, por exemplo, como fazer Educação Popular durante o longo período da ditadura militar? Era uma coisa terrível, mas foi feita. Em um país grande, muito grande, mesmo assim ela foi feita em muitos lugares, às escondidas, sem que ninguém soubesse.

As próprias CEBs [Comunidades Eclesiais de Base], que foram um excepcional ponto de partida de luta, transformaram-se em centros extraordinários de Educação Popular, onde a compreensão da relação mundanidade-transcendentalidade era um ponto fundamental.

Então, frente a isto, eu acredito que se fizermos um esforço de Educação Popular alcançaremos efeitos e mudanças. Agora, quais são eles? Não sabemos, porque é uma tarefa histórica. Seria uma análise histórica saber o que aconteceu no Paraguai e saber o que está acontecendo hoje em relação à atividade da Educação Popular para a formação, desenvolvimento e consolidação das organizações populares. Creio que existe uma tese que está embutida aqui dentro e que se traduz em uma pergunta: é possível que a Educação Popular ajude a consolidar as organizações populares? Eu digo que é possível. Depende de como trabalhemos, depende da lucidez, da clareza política que tenhamos, depende também da nossa formação científica.

Gostaria de fazer um comentário que tem a ver com isto. Eu não sei se vocês também passaram pelo fenômeno que vou contar. No Brasil existe uma posição que com frequência nega sistematicamente a universidade ou a academia por considerá-la coisa de burguês, conhecimento "rococó", blá-blá-blá, mas acontece que, negando a academia, nega-se a teoria. Esta posição afirma que só a prática é válida e a este respeito foram realizadas reuniões no Brasil onde se dizia que "Aqui só fala quem tem prática, quem só pensa dentro da academia não tem o direito de falar". Em primeiro lugar, isto é autoritário, não é democrático. Em segundo lugar, isto é de uma estupidez tamanha, não tem nenhum fundamento científico. A outra posição reflete o contrário, é o contrário desta: "Só vale a academia, só vale a teoria, a prática não tem sentido." Então, a primeira constitui um desvio ideológico que chamamos "basismo": só as bases sabem, só as bases populares são virtuosas. A Igreja caiu muito neste discurso e os ultrarrevolucionários identificaram-se com uma "religião" que era "a religião das bases". Só as bases sabem, só as bases são virtuosas, é um saber que é independente, distanciado, não precisam do saber teórico dos acadêmicos. A outra posição é a que chamamos "elitismo", que nega totalmente a importância da prática; basta que uma pessoa desenvolva com elegância os discursos teóricos para que o mundo se salve.

A minha convicção sobre isto é que ambas as posições trabalham contra a mudança. Ambas são reacionárias: o basismo é tão reacionário quanto o elitismo. O basismo apresenta um reacionarismo dentro do povo e o elitismo, um reacionarismo distanciado do povo. A verdadeira posição das pessoas comprometidas com a Educação Popular real e progressista é a posição que encara dialeticamente a relação teoria-prática, porque no fundo estas duas posições estão enlaçadas na compreensão dialética ou não dialética da relação teoria-prática que foi tão cara a Marx. Isto é, não existe teoria que não precise ser praticamente comprovada. É a prática que me diz se a teoria está certa. Mas, por outro lado, não existe prática que não contenha dentro de si uma certa teoria.

Sendo assim, para mim, a formação docente, por exemplo, a formação dos agentes da Educação Popular – que não precisam ser acadêmicos universitários –, assim como a formação política, científica, dos jovens educadores e das educadoras populares, tem que ser feita através da reflexão crítica sobre a prática que uma pessoa possui, isto é, analisando a prática que você tem consigo mesmo e com os outros e a teoria que a explica. Mas nem a teoria deve negar a prática, nem a prática, a teoria. Isto seria um erro terrível.

3. A intencionalidade da Educação Popular e seu modo de avaliar com indicadores verificáveis: o problema do assistencialismo e da autogestão

PAULO FREIRE: O terceiro bloco de perguntas fala da intencionalidade da Educação Popular na sua maneira de avaliar com indicadores verificáveis; do assistencialismo *versus* a autogestão. Em tudo isto permeia a questão dialética da relação teoria-prática, já que as duas constituem uma unidade contraditória, dialética, processual, que não pode ser quebrada de maneira nenhuma.

É difícil entender esse processo. Acredito que temos que prestar muita atenção até para verificar que, no fundo, o assistencialismo é uma espécie de autoritarismo adocicado. No fundo, o assistencialismo castra a capacidade de decisão do povo. O populismo dá ao grupo popular a ilusão de que ele tem autonomia, ele pensa que atua, quando na verdade ele é utilizado, ele não atua. A liderança assistencialista age através do grupo "assistencializado" que tem a impressão de que ganha autonomia e liberdade. Claro que isto não é uma contradição fantástica da Educação Popular progressista, isto se aplica melhor à Educação Popular reacionária.

Devemos ter cuidado para delimitar muito bem o que significa autogestão. Ela visa assumir liberdade e criatividade, o que me parece excelente. Só que às vezes tenho medo de certas experiências autogestionárias que negam idilicamente a necessidade de qualquer tipo de intervenção externa. Eu confesso aos senhores que minha concepção democrática não nega o papel da liderança democrática. Eu continuo entendendo como necessário o papel da liderança, por isso mesmo defendo a existência de professores. Por exemplo, como entender um professor que não lidera? Como entender um professor que não ensina? O fato de ensinar, o fato de contribuir diretamente para a formação dos educandos significa assumir certa liderança, mas isto não é necessariamente uma forma autoritária de liderança. Eu critico a forma autoritária de liderar. A autogestão, no fundo, também leva ao surgimento de pequenos grupos de líderes, porque não é a autogestão metafísica que lidera; no processo de autogestão aparecem aqueles sujeitos que gestam, que gerenciam de fato.

4. O educador: seu poder, limites, carisma, protagonismo, impaciência e seus limites

PAULO FREIRE: O quarto bloco fala do educador e de seu poder, seus limites, seu carisma, seu protagonismo, sua impaciência. Eu acredito que o educador tem todas estas coisas, a questão é vivê-las e fazê-las coerentemente. Que o educador tem certo poder é inegável. Tem certo poder que se fundamenta, se baseia exatamente no poder do seu saber, que às vezes é um suposto saber, mas não importa, ele tem um poder e este poder baseia-se em que ele sabe algo. Por esta razão é que acho que, para que ele pudesse justificar corretamente o seu poder, deveria preparar-se permanentemente, ter uma formação permanente. Agora, observem como a questão é um círculo vicioso. Às vezes os educadores ganham tão pouco que têm medo de protestar, de demandar, e podem terminar afogados nesse medo e nessa falta de preparo. E quanto mais tenham medo e menos preparados estejam, tanto menos podem dar testemunho aos educandos da necessidade de que eles também lutem por sua libertação. É preciso romper esse círculo, essa decisão de romper o círculo tem que partir ou também pode partir dos governos que forem progressistas.

Vocês agora estão se preparando para eleger o presidente da República e temos que estar vigilantes: saber em quem votar, por quem brigar para ser eleito, qual é o melhor entre todos. E passar a exigir. Não se pode ter a posição puritana de dizer: "Não me meto nessa questão." O governo que se diz progressista tem que exigir que se rompa um pouco o círculo, que também desafie os professores e os educadores. O poder existe, mas tem que ser bem usado. Seus limites também existem, porque o educador não pode tudo. O poder do educador popular é um poder que já nasce limitado porque sua prática é limitada. Seus limites são políticos, econômicos e sociais; históricos, ideológicos e científicos no que se refere à competência.

Desta forma, uma das coisas que os educadores precisam saber é que a sua prática é limitada. O educador não pode fazer tudo, mas pode fazer algumas coisas. A questão, portanto, é saber o que é possível fazer. Quais são, nas condições históricas atuais, os possíveis históricos? Qual é o possível histórico? E olhem que esta também é uma tarefa dos intelectuais. Olhem que isto provavelmente não está em nenhum programa de Filosofia Política, de Sociologia ou de Filosofia da Educação na academia; nenhum professor se preocupa em saber qual é o possível histórico do seu país. E se você perguntar a um professor famoso: "Qual é o possível histórico atual?", ele dirá: "Não faz parte do meu programa." Entretanto, isso é parte do seu programa, é parte do programa maior de seu país, porque o programa de seu país, a história de seu país, é muito maior do que o "programinha" de seis meses da universidade.

É necessário conversar sobre estas coisas, inclusive com os camponeses, e por que não conversar com os camponeses, com os homens e as mulheres das favelas sobre estes problemas, para que eles e elas também se mobilizem, movimentando-se para que tudo isto seja repensado? Devemos entender que isto não é exclusividade de meia dezena de intelectuais proféticos; isto é, deve ser uma preocupação de toda a sociedade, não somente de alguns privilegiados.

[Intervalo para que os participantes façam outras perguntas.]*

Sobre o que foi perguntado com relação à contribuição e participação da mulher na Educação Popular, como poderíamos vincular a metodologia para trabalhar o feminismo, que vem sendo mais um conhecimento das mulheres da cidade e que não alcança todas as mulheres?

PAULO FREIRE: A questão é a seguinte: as mulheres às vezes cometem um erro em sua luta pelo feminismo da maneira como vem sendo defendido, de modo geral. Nos Estados Unidos, eu discuti muito sobre isto e elas ficavam contrariadas. Afastam-se da discussão de sexo e preferem falar de gênero. E por que não falar de sexo?** É muito melhor. Tiram da discussão sobre sexo o problema das classes sociais e eu

---

* Houve, certamente por causa deste intervalo, uma descontinuidade nas respostas sequenciais dos itens 1 a 11, que Paulo vinha fazendo. Alguns deles serão retomados posteriormente.
** Na década de 1980, quando ocorreu essa conferência, o debate feminista era assolado por ressalvas e contextualizações de cunho binário que se disseminaram e evoluíram filosoficamente ao longo das décadas. Na atualidade, sabemos que a opção por falar de gênero em vez de falar de sexo proporcionou uma agenda positiva de direitos para as mulheres e para a comunidade LGBTQ.

incluo o tema. Minha posição é esta: não vejo como reduzir a discussão de sexo e a discussão de raça às classes sociais. Não posso. Mas também não posso entender a discussão de sexo e classe, ou de sexo e raça, sem a compreensão das classes. Eu não posso reduzir, explicar a discriminação sexual através da análise de classe. Segundo, eu não posso explicar a discriminação de raça através da classe. Mas não posso entender o racismo e o sexismo sem analisar a classe social. Desta forma, quando a discussão sobre sexo e raça fica de fora, muito longe da questão de classe social, resulta que a própria temática da discussão não interessa, por exemplo, às mulheres do campo (uma mulher que briga com o marido porque não arrumou a cama não tem muito a ver com o dia a dia da mulher do campo); entretanto, a mulher do campo é tão ou mais objeto que a mulher burguesa. A mulher burguesa, no final, transfere para as empregadas, porque as paga e tem suas outras compensações, veste-se bem, é cortejada, tem direito de satisfazer seus caprichos. A mulher do campo dificilmente poderia ter uma fantasia... entretanto as mulheres burguesas podem fantasiar com quem quiser... o marido não percebe, ela não precisa fazer psicanálise por causa disso [risos]...

Sendo assim, é preciso levar esta discussão para as mulheres do povo (naturalmente com táticas), porque se levamos para um grupo de camponeses e apresentamos o tema do machismo, provavelmente os camponeses irão proibir suas mulheres de voltar a reunir-se e nós perderemos todo o trabalho feito. Se a estratégia é contribuir um pouco, o que pudermos, para uma mudança no mundo, eu tenho que conceder. Não se faz política sem concessão, mas existem limites para conceder. Estes limites são éticos e políticos. Então, para não correr o risco de que as mulheres não voltem mais à reunião, é melhor não falar de machismo muito cedo e deixar que este tema um dia amadureça.

Eu e muitos conterrâneos temos a preocupação de que este tema, que serviu para conscientizar, possa se elitizar ao passar de um saber popular para um saber acadêmico, que passa a ser um saber universitário e perde a essência que deu origem a tudo isto, que é um saber do povo. Como fazer para que o povo não perca a propriedade, a essência da prática da Educação Popular?

Paulo Freire: Eu entendo que temos aí uma questão que, sendo política, envolve primeiro uma questão de poder do grupo popular e do poder dos educadores que estão trabalhando com os grupos populares. Segundo, envolve uma questão de tática e de consciência sobre a qual os senhores têm razão. A questão que se coloca não é que os intelectuais A, B, C possam apoderar-se dos resultados elaborados pelos grupos populares e distanciar-se, negá-los etc. A questão é que os educadores populares e o povo precisam ir além de um tipo de conhecimento que nós reconhecemos que se fundamenta em "acho que é" e obter um conhecimento que alcance a razão de ser do objeto, a razão de ser da realidade. Em outras palavras, é urgente, é necessário que possamos transpor um saber que só se limita à experiência e que procuremos um maior rigor científico. Supõe-se que os acadêmicos têm mais possibilidades de exatidão, ainda que muitos não, porque foram nomeados não porque sejam bons professores, comprometidos com as causas populares, mas porque eram grandes advogados, médicos famosos etc.

Em resumo, o que eu defendo não é a separação entre um saber e outro, nem que o saber popular é um saber inferior. O que eu defendo é que, para dar passos maiores, precisamos hoje, indiscutivelmente, de todo um patrimônio que está sendo construído, de um saber mais exato. Agora, isso vai depender do poder que nós formemos, do poder político, para dizer aos intelectuais que se aproximem de nós, porque também não é qualquer intelectual de universidade que virá, alguns não se despojam do elitismo. Cabe a nós dizer a eles: "Olha, precisamos de vocês, mas não é assim, precisamos do seu saber que nós respeitamos, queremos que vocês respeitem o saber do povo." A questão é como dialogar, como propor o diálogo entre o saber popular e o chamado conhecimento científico-acadêmico, para não dicotomizar.

[Sobre o Item 7] Paulo, o senhor propõe que a Educação Popular exige do educador praticamente uma militância, um testemunho. Desta forma, a Educação Popular seria uma nova militância extrapartidária, extraorganizacional. A partir disto eu pergunto: até onde vai essa autonomia da educação nos processos políticos, nos processos orgânicos e nos processos de luta que surgem dessas instâncias que também estão presentes na sociedade civil? Inclusive, aí está a tragédia do intelectual que pretende ser apartidário, apolítico, inclusive, às vezes, em um sentido amplo, seguir nesse caminho. Gostaria que você pudesse nos dar alguns elementos a respeito.

PAULO FREIRE: Eu acredito no seguinte: primeiro, um partido pode fazer Educação Popular, por que não? Em nome do quê diremos que só porque é um partido não pode fazer Educação Popular? Não fará Educação Popular não porque seja um partido, mas porque, enquanto partido, movimenta-se dentro de uma ideologia que pode não coincidir com o que é educação para o povo. Um partido stalinista não faz Educação Popular, um partido stalinista faz adestramento popular, não educação. Sendo assim, a questão de não fazer Educação Popular não pertence a ele enquanto partido, mas sim enquanto ideologia, ideologia autoritária, negadora do povo. Segundo, um grupo de intelectuais pode fazer Educação Popular além dos limites dos metros quadrados dos partidos. Vocês têm o exemplo de Decidamos,* que trabalha com qualquer partido, sem que nem suas ideologias intervenham, nem seus membros sejam neutros.

A experiência de vocês não é exportável ou importável; eu sempre digo que a experiência não se exporta, se recria. Então, a sua experiência não pode ser exportada. Primeiro, porque é uma experiência e segundo, porque as experiências não se exportam. Nesta transição paraguaia, uma transição provavelmente muito menos sofrida do que a transição brasileira, muito menos sofrida do que a transição argentina, provavelmente uma das transições menos dolorosas que estamos experimentando na América Latina, está sendo absolutamente possível trabalhar com os partidos políticos. Mas não sei até quando; provavelmente chegará um momento em que os partidos mais de direita dirão: "Não, não, não, não! Não nos interessa mais acordos com vocês..." Não tenham dúvida, esse dia vai chegar, e será a própria realidade social que vai dizer a vocês, que devem estabelecer um limite e fazer uma opção em função do partido A, B ou C.

---

* Decidamos: Campaña por la Expressión Ciudadana é uma organização não governamental surgida em 1989, no Paraguai. Desenvolve campanhas, programas e projetos que fortalecem a democracia como processo político, econômico, social e cultural.

Por isto é que eu não sou dogmático; porque uma pessoa não pode entender a História de maneira dogmática. Por exemplo, se me perguntarem no Brasil se eu acredito nesta possibilidade, eu diria: "Eu respeito, mas não acredito." Agora, no Brasil acontecem coisas interessantes, por exemplo, há dois meses recebi um telefonema da secretária de um grande "empresário pós-moderno" para que eu o recebesse com dois diretores da empresa. Marquei um dia, eles foram à nossa casa, minha e de Nita, e o jovem industrial me disse: "Olhe, professor Freire, quando eu era criança, adolescente, meu pai, minha mãe proibiram que seu nome fosse pronunciado em casa. Hoje em dia, eu sou o diretor-geral da empresa e estou aqui exatamente para pedir que o senhor nos ajude a educar melhor os operários." Entendem? O que aconteceu foi que eu não mudei, mas a História fez com que ele mudasse; eu continuo defendendo a mesma educação que sempre defendi e ele sabe disto. Agora, como homem inteligente, ele também sabe que existem limites na educação e que eles estavam muito, muito atrás, quase à beira do limite e perceberam que podem andar "dez quilômetros" sem nenhum risco. Provavelmente, quando chegarem ao décimo quilômetro eles pararão e dirão aos seus descendentes sobre Paulo Freire: "Olha, não, chega!" Isto quer dizer que essas coisas acontecem na História e é por esta razão que não se pode ser determinista, não se pode ser mecanicista, não se pode dizer: "Não, isto não pode ser feito, isto não pode acontecer", porque, talvez, possa acontecer a qualquer hora.

Provavelmente agora vocês estão podendo fazer coisas inovadoras, transformadoras, mas dentro de algum tempo não poderão. Em outra sociedade, talvez vocês mesmos já não possam mais fazer o que é possível fazer hoje. Desta forma, minha sugestão é a seguinte: aproveitem os limites e façam bem o trabalho que estão fazendo, e continuem fazendo.

O conceito de autonomia é muito relativo, tão relativo que nós não somos absolutamente autônomos. Por exemplo, suponhamos que exista um grupo chamado Grupo de Ação Cultural. Grupo sério, honrado, mas que precisa de fundos para trabalhar, porque, ainda que conte com trabalhadores voluntários. o trabalho deve ser pago, senão o número de voluntários irá diminuir cada dia mais. Dessa forma, consegue que algumas fundações europeias os ajudem. Esse é o momento em que a sua autonomia começa a correr risco. E eu não digo isto por ter vivido uma experiência* na qual esses organismos me condicionam. Não, isso não aconteceu comigo, sempre me respeitaram. Mas, de qualquer maneira, às vezes, o grupo fica um pouco inibido e faz um relatório mais para satisfazer a Holanda do que para dizer a verdade. Eu acredito que a autonomia, por exemplo, deve ser defendida com relação à opção política do organismo que está fazendo a política educacional progressista popular.

Ou seja, é preciso deixar bem claro o seguinte: a partir daqui, desse núcleo, não concedemos nada, preferimos fechar a nossa organização a fazer concessões, e aí sim seremos autônomos. Para mim, isto é autonomia. Mas isto não significa que não trabalhem com um setor progressista do Estado. Por que não? No Brasil, por exemplo, eu sou respeitado por várias tendências e segmentos partidários, eu sou um caso atípico,

---

* Paulo se refere à "experiência de Angicos", no Rio Grande do Norte, em 1963, quando aceitou verbas vindas dos Estados Unidos através do programa Aliança para o Progresso. Veja mais no livro de Ana Maria Araújo Freire, *Paulo Freire: uma história de vida*. Paz e Terra, 2016. O livro recebeu o Prêmio Jabuti 2007, 2º lugar na categoria Biografia.

tenho uma certa projeção, minha presença é sempre uma presença política. Mesmo assim, eu jamais poderia aceitar assessorar o governo do presidente Collor, jamais. Jamais pensaria em algo assim.

A luta pela autonomia política existe, não há dúvida sobre isso. Por exemplo, quando eu assumi a Secretaria da Educação em São Paulo, uma semana depois recebi um telefonema do Banco Mundial, que estava em negociações com várias instituições do estado de São Paulo. Mas como a capital de São Paulo "é um Estado", "é um país", eles queriam ver se conseguiam reunir o estado com a capital. Telefonaram para mim de Boston e marcaram uma entrevista. Eu e minha equipe recebemos uma delegação do Banco Mundial, conversamos, e o presidente da delegação do banco disse: "Olhe, professor, nós temos 50 milhões de dólares para emprestar para vocês, para a Secretaria da Educação" – e acrescentou – "Agora, existem algumas condições, a primeira é que o senhor também tenha 50 milhões." E eu disse que muito bem. "A segunda" – continuou – "é que o senhor passe os seus 50 milhões para alguns organismos não governamentais; eles não pagam, mas o senhor nos paga" – imaginem vocês como alguns organismos não governamentais também despertam interesse entre os neoliberais. "Terceiro" – disse, – "nós emprestamos o dinheiro para um determinado tipo de trabalho... para escolas. Quarto, que a maioria das educadoras que vai trabalhar com organismos não governamentais deve ser de pessoas não diplomadas, não formadas."

E eu disse: "Olhe, o senhor sabe que 70% das professoras da rede municipal de São Paulo têm pós-graduação e que, dos 30% restantes, 20% têm curso universitário e que os outros 10% restantes são diplomadas?! E o senhor me propõe, agora que eu estou comprometido com um trabalho extraordinário, gigantesco, que vale milhões de dólares para ser posto em prática, para a formação permanente destas pessoas, o senhor me propõe isto agora?" Depois continuei: "Olhe, senhor, isto não se propõe, nem sequer para as áreas mais carentes do Nordeste do Brasil, onde há carência de formação dos docentes. Agora, eu gostaria de fazer uma pergunta. Vamos admitir que o senhor me peça o que eu não lhe pedi: um empréstimo. Mas vamos admitir que o senhor me peça 5 mil dólares (este é o meu limite) e me prove, me dê indicações de que o senhor pode pagar. O senhor aceitaria que eu lhe dissesse: 'Muito bem, eu lhe empresto 5 mil dólares, mas existem algumas condições, primeiro, com estes 5 mil dólares o senhor tem que comprar mil shorts feitos em São Paulo, duzentos da cor azul, trezentos estampados... e tem também que comprar 2 mil gravatas feitas no Recife...'?" E assim eu fiz uma lista de exigências para emprestar os 5 mil dólares e perguntei: "O senhor aceitaria isto?" E ele disse que não. Então eu respondi: "Como o senhor pensa que eu, que já fui preso, que já fui expulso do meu país e que escrevi um livro chamado *Pedagogia do oprimido* possa aceitar isto? O senhor pensa que eu não respeito o meu povo? Não, minha resposta é não... muito obrigado, eu não quero o seu empréstimo." E ele disse: "Qual é a condição para que o senhor aceite?" Eu disse que tinha duas condições: "A primeira, que jamais pague de volta o empréstimo, e a segunda, que eu faça o que quiser, sem dar satisfações ou enviar relatórios para ninguém. Estas são as duas exigências sem as quais, muito obrigado, não quero o seu dinheiro."

E ele ainda me perguntou: "E se a prefeita Luiza Erundina aceitar?" Eu respondi: "Olhe, não existe 'sim' neste caso. Sabe por que Erundina me chamou para ser secretário? Porque sabia, antes de me chamar, que um dia uma proposta como esta seria recusada por mim. Foi por isto que ela me chamou, porque sabia que eu diria 'não' ao senhor ou a qualquer pessoa que faça este tipo de proposta. Mas supondo que Erundina tenha enlouquecido e dissesse que aceita, eu entregaria o meu cargo na hora e daria uma entrevista dizendo: 'Erundina está louca.'" E me levantei, e ele foi embora com sua equipe. Isto é o que temos que fazer. Esta é a cara de dignidade que temos que assumir em nome do nosso povo, e não somente em nome de nós mesmos, individualmente. Não seria eu se estive lá fazendo um discurso delicado... Eu não sou um homem estúpido, sou enérgico, mas eu tinha uma enorme responsabilidade como Secretário Municipal da Educação de uma cidade como São Paulo, enorme politicamente, diante de mim mesmo e do povo, e tinha que dizer NÃO a isto, porque isto não é uma coisa que se proponha.

Desta forma, eu lutei pela nossa autonomia. A clareza política nos diz que quando nossa autonomia está em perigo, quando pode prejudicar os interesses do povo, temos que dizer NÃO. Mas se forem outras as circunstâncias, não há porque não aceitar. Se o gringo me dissesse: "Eu dou os 50 milhões e não vou cobrar nunca mais", o dinheiro não tem nacionalidade e eu o aceitaria, e o aplicaria muito bem.

8. Aspectos metodológicos. A Educação Popular e a educação formal: sua possibilidade na educação oficial. Passagem da consciência ingênua para uma consciência crítica e o compromisso transformador

PAULO FREIRE: Em resposta à questão sobre se a Educação Popular pode ser feita dentro das escolas públicas, eu diria que a Educação Popular não é privilégio apenas das atividades extraestatais. Hoje em dia, o discurso neoliberal está utilizando este argumento e atrai, inclusive, gente progressista para que, por exemplo, o Estado livre-se da responsabilidade de educar, de cuidar da educação. Eu tenho amigos no Brasil que há cinco anos gritaram com muita força que não deveria haver escolas privadas e eu dizia: "Não, é um direito dos pais", e agora eles passaram para o outro extremo e dizem: "Todas as escolas deveriam ser privadas e o Estado deve dar dinheiro aos pais para que os filhos se eduquem." Eu imagino a fila dos pais de família. E como seria feita esta distribuição? Nas escolas das comunidades, uma pessoa se reuniria com trinta alunos e no dia seguinte iria ao governo e diria: olha, eu tenho uma sala com capacidade para trinta crianças e o Estado imediatamente daria o dinheiro? Que história é esta? Não, não pode. Então, é possível fazer Educação Popular nas escolas públicas? É. Durante quatro anos nós fizemos Educação Popular da melhor qualidade dentro das escolas da prefeitura de São Paulo. A questão, para mim, está mais no nível da clareza política da liderança, da coerência política que nós defendemos e de saber qual é o possível histórico, ou melhor, o que é possível fazer agora, historicamente, para que se possa fazer amanhã o que não foi possível fazer hoje.

Algumas pistas-respostas para a situação desde a Educação Popular à proposta neoliberal na América Latina e seu conjunto para os nossos países.

PAULO FREIRE: Eu acredito – e insisto, mesmo que possa estar completamente errado – que o discurso neoliberal não durará muito. Há um ano, eu observava que onde quer que houvesse uma eleição, em qualquer país do mundo, os candidatos progressistas estavam sendo derrotados. Agora eu acredito que começa a haver uma mudança, e como eu disse ontem, eu estava lendo o jornal quando vinha para cá e se a eleição presidencial brasileira fosse hoje [setembro de 1992], Lula ganharia. Lula é o mesmo e ganharia de Collor por uma diferença de 3 milhões. Eu estou convencido de que, provavelmente, ele não ganhará daqui a dois anos, mas insisto no que disse: a vida de um país, de uma nação, de um povo, não se esgota em vinte anos, nem em quarenta ou cinquenta anos e vocês sabem disso... e isto é uma coisa maravilhosa, porque isto implica certa humildade da nossa parte.

Quando alguém trabalha porque gosta, porque quer pôr as mãos nos resultados, é preciso estar preparado para o fato de que nem sempre se pode pôr as mãos nos resultados.

O fato de não poder ver os resultados no Paraguai, no Brasil ou no mundo não me torna um pessimista e nem me afasta da luta. Porque o que importa não é somente a minha mão em cima dos resultados, mas outras mãos, que serão mãos de outros Paulos, de outras Marias, mãos de gente. E acredito que a História vai mudar logo, logo. Mas eu não estarei aqui para ver. Esta é uma expressão que eu nunca disse e que também não devesse dizer aqui: "Que os jovens de agora se encarreguem de fazer", porque eu também sou jovem e como jovem também tenho que lutar. E não tenho dúvida de que, dentro de algum tempo, eles próprios continuarão toda esta discussão.

É necessário que trabalhemos, é fundamental que comecemos. Por exemplo, que selecionemos um grupo que comece a escolher pedaços de discursos neoliberais que prometem, que dizem que não existem mais classes sociais, que tudo é harmonioso. Que selecionem, que guardem e anotem a data, o nome do jornal, o nome do autor e comecem a ler esses discursos nos grupos. "Olha, o fulano de tal que é candidato disse isso: será que é verdade, que todos e todas, homens e mulheres do mundo, são iguais?", por exemplo. Em primeiro lugar, quando começarem a fazer isso, podem esperar uma reação dos neoliberais.

Nós precisamos ajudar o povo a descobrir que este neoliberalismo não o salva da miséria e que o autoritarismo socialista também não o salvou, mas o caminho socialista democrático *feito* por nós e pelo povo, construído, inventado, este parece que pode nos salvar a todos e a todas.

Obrigado.

PARTE VI

Uruguai

10
ENTREVISTAS

SOBRE EDUCAÇÃO, POLÍTICA E RELIGIÃO: ENTREVISTA A NÉBER ARAÚJO E GRAZIANO PASCALE[*]

Néber Araújo: Professor Paulo Freire... 68 anos... Professor da Pontifícia Universidade Católica de São Paulo, professor da Universidade Estadual de Campinas, secretário municipal da Educação de São Paulo. Chegou a Montevidéu por ocasião da comemoração dos 15 anos do Centro de Pesquisas e Desenvolvimento Cultural. O senhor é autor de várias obras na área da educação: *Educação como prática da liberdade, Pedagogia do oprimido, A importância do ato de ler* etc. Se uma pessoa olhasse estes livros na vitrine de uma livraria poderia se perguntar: "Este homem é um pedagogo ou um ideólogo? É um educador ou um político?" Vamos começar por estes extremos...

PAULO FREIRE: Muito bem... Eu tenho duas coisas para dizer ao começar esta conversa. A primeira: quando você disse a minha idade, minha mulher, Nita – que está aqui ao meu lado –, me cutucou porque ela defende o marido e, por conseguinte, ela mesma... Eu ainda tenho 67 anos... Ela defende estes três meses... 68 anos é um exagero...

---

[*] Entrevista realizada no programa *En Vivo y en Directo*, da Radio Sarandí, de Montevidéu, no dia 22 de junho de 1989.

A segunda coisa que eu quero fazer é cumprimentá-lo com muita alegria pela forma com que fez esta primeira pergunta. É a primeira vez que vejo, em uma entrevista de rádio ou TV, uma introdução tão bonita, tão crítica...

Na realidade, existe essa confusão. Muita gente se pergunta e me pergunta duvidando que eu seja, realmente, um pedagogo, e enfatiza – com certa raiva – que, ao invés de ser um pedagogo, eu sou um ideólogo, um político. Ao propor isto, você retoma uma das principais críticas feitas a mim pela direita do meu país e me dá a oportunidade de esclarecer a questão com poucas palavras.

O que é um pedagogo? Um pedagogo é um homem ou uma mulher que pensa a política educacional do ponto de vista teórico, filosófico, crítico...

Às vezes, não está envolvido na própria prática educativa, o que é ruim, mas está envolvido na reflexão crítica dessa prática educativa. Eu tento fazer as duas coisas: refletir sobre a prática educativa e vivê-la, desenvolvê-la.

O pedagogo é, então, um técnico-prático do que significa a educação, mas toda prática educativa é – por natureza – um ato político... Não estou dizendo que seja um ato político partidário, mas os educadores devem ter sua opção política. Eu pertenço a um partido político no meu país, mas respeito as opiniões políticas dos educandos com os quais trabalho. Minha prática docente não pertence ao meu partido; meu partido não tem o direito de pressionar essa prática... mas o que não podemos negar é que a prática educativa jamais é neutra: basta com que o educador se pergunte a favor de quem ele é um educador e, ao fazer esta pergunta, preparar-se para perceber criticamente a impossibilidade de sua neutralidade...

N. A.: Ou seja, para o senhor, não existe o pedagogo técnico, asséptico...

PAULO FREIRE: Eu diria que não existe ninguém assim, não só o pedagogo. Não existe o físico, o matemático, o biólogo, o padre, o bispo... Não existe ninguém... Isso de dizer: "Eu estou no mundo a favor dos interesses da humanidade" é uma mentira... É pura ideologia.

N. A.: E o senhor está a favor de quais interesses?

PAULO FREIRE: Eu estou a favor dos interesses das grandes maiorias exploradas do meu país... É com elas que eu estou...

N. A.: Então, para o senhor, a educação deve ser – como sugerem os títulos dos seus livros – um instrumento para corrigir os desequilíbrios que castigam as maiorias...

PAULO FREIRE: Você disse, muito apropriadamente, "um instrumento". Seria totalmente ingênuo se eu dissesse que a educação é "o instrumento", se eu dissesse que é "a plataforma" para a transformação social... Não é... Mas é algo dialético, contraditório. A educação não é a plataforma da transformação, mas a transformação social precisa da educação.

N. A.: Para ficar definitivamente claro: qual é a diferença – sob o seu ponto de vista – entre a educação e o que é doutrinamento político?

PAULO FREIRE: Muito bem... parece que você fez uma boa leitura das minhas obras...

N. A.: Na verdade, não li seus livros... Só alguns artigos... Mas os títulos dos seus livros são muito provocativos...

PAULO FREIRE: É uma pergunta fundamental para compreender o meu pensamento. Toda prática educativa implica, primeiro, a presença de um sujeito que chamamos "educador", em segundo lugar, a presença de outro sujeito que chamamos "educando", e, em terceiro lugar, certo conteúdo ou objeto que media os dois sujeitos. Dou um exemplo concreto: em um curso, eu sou o sujeito educador, existem os sujeitos educandos e existe um objeto: a compreensão crítica da pedagogia. Caberia, junto com os alunos, analisar esse objeto para logo definir os conteúdos programáticos concretos. A prática educativa implica também certos métodos e técnicas usadas pelo educador e que devem, através dos educadores, facilitar a aproximação ao objeto do conhecimento aos sujeitos envolvidos no processo de conhecer.

Existe um quinto elemento: toda prática educativa implica certos fins, certos objetivos que ultrapassam a própria prática. Este aspecto, externo à prática e ao mesmo tempo dentro dela, é o que constitui a sua natureza. Isto não permite a existência de nenhuma prática educativa que não seja diretiva: toda prática educativa direciona-se para alguma coisa.

Isto não significa que, sendo uma prática direcionada, seja manipuladora... É por natureza diretiva, mas, às vezes, torna-se ideológica e autoritariamente manipuladora. Minha posição é a seguinte: eu vivo a natureza diretiva da prática educativa e sou democrata; não manipulo os educandos, mas não deixo dúvidas: enquanto estou trabalhando, faço o possível para converter os educandos à minha verdade. Este é um direito, não?

N. A.: Estávamos falando dessa assepsia, desse enfoque técnico da pedagogia que muitas vezes se procura e dessa pedagogia comprometida que o senhor defende. O senhor diz: "Quando eu ensino, dou tudo e coloco a minha parte..." No Uruguai, a laicidade é uma bandeira levantada há muitas décadas e que é tratada com muito cuidado. Defende-se que o educando tenha acesso a todas as peças do quebra-cabeça e tenha a liberdade de montá-lo. Escutando-o, tenho a impressão de que o senhor entrega todas as peças e dá o quebra-cabeça montado...

PAULO FREIRE: Não... juro que não... [risadas]. Mas a pergunta é boa, é uma espécie de armadilha para ver se eu caio, uma provocação... O que eu faço é propor diferentes posições, diferentes hipóteses e diferentes posturas para os meus alunos. Obviamente, eu também proponho a minha postura; eu não tenho por que esconder as minhas posições para os meus alunos: eles ou elas não me respeitariam, pensariam que tenho vergonha de dizer as coisas pelas quais luto...

N. A.: O senhor sabe quanto pesa o pensamento, as ideias, as coisas que um professor diz sobre os seus alunos...

PAULO FREIRE: Sim... Precisamente por isso o professor não pode escondê-las e precisa dizer aos estudantes: "Reconheço que, culturalmente, a palavra do professor pesa, mas é preciso que vocês aprendam a medir o peso da palavra do professor. Não se deve escutá-lo só porque ele é o professor..." E para dizer isso, é necessário dizer aos alunos como ele pensa.

O professor não é uma figura estranha que caiu do céu por acidente; é um homem ou uma mulher como os estudantes. É a mesma questão dos pais, também. Não existe ninguém que tenha mais influência sobre os filhos do que o pai e a mãe. Será por isso que o pai deve esconder dos seus filhos a sua opção desde o ponto de vista religioso, político, musical, desde o ponto de vista do futebol, inclusive? Será que se meu filho perguntar para mim, que sou brasileiro: "Papai, entre todas as seleções de futebol do mundo, para qual você torce?" E eu respondo com voz solene: "Não digo para não te influenciar" [risadas]... Isto é uma bobagem...

N. A.: Mas não são perigosas as misturas?

PAULO FREIRE: Mas existe na espécie humana algo que não seja perigoso?

Graziano Pascale: Há alguns instantes o senhor destacava seu direito de convencer, não de se impor, mas de convencer os seus alunos. O senhor tem uma longa experiência de contato com os estudantes... Que balanço faria desse período em que exerceu esse direito de convencer? Que respostas encontrou?

PAULO FREIRE: Agora, com a sua entrada na conversa, gostaria de vir todos os meses a Montevidéu para conversar. Esta pergunta se refere a um aspecto muito próprio da minha vida, da minha experiência vital, mas não é fácil de responder. Em primeiro lugar, porque a resposta é muito pessoal. Por outro lado, não é fácil para um homem como eu, pouco metódico, que não guarda estatísticas... Mas existem cartas lindas que recebo, falando sobre como, através de uma conversa, um seminário, um curso ou através da leitura dos meus livros, sem sequer me conhecer, existe uma influência...

Há alguns dias falei em Campinas, para um grupo de professores, sobre a paixão de educar. Depois, um grupo de jovens de várias idades aproximou-se de mim. Um deles pediu permissão para me beijar e disse: "Olha, Paulo, você mudou o rumo da minha vida... Um dia, em 1981, eu te fiz uma pergunta no corredor da universidade e você me deu uma resposta que mudou definitivamente a minha vida..."

Eu peço desculpas por estar contando estas histórias, já que pode parecer falta de humildade. A humildade no educador é necessária; a experiência de humildade marca os alunos. O educador deve ser um homem ou uma mulher que trabalhe muito bem a humildade...

Eu me considero um homem feliz, não porque pense que tenha feito muitas coisas e nem coisas excepcionais. Sou feliz porque sei que fiz pouco, mas fiz apaixonadamente o pouco que fiz e exerci influências que considero fundamentais do ponto de vista humano. Estou contente... Dentro de alguns anos, espero que em muitos, vou morrer, mas vou morrer satisfeito...

N. A.: O senhor é professor da Pontifícia Universidade Católica de São Paulo. Isto significa que é católico, que acredita em Deus?

Paulo Freire: Acredito em Deus... Mas a PUC-SP é um dos espaços mais livres do Brasil. Não é preciso ser cristão para trabalhar ali. Tenho grandes companheiros docentes que não são cristãos e são muito respeitados. Como cristão, tenho uma forma muito pessoal de pensar. Estou convencido de que os cristãos que censuram os que não o são, que censuram um filme porque aparece uma linda perna de mulher, que censuram alguém porque fez amor com outro... essa gente não acredita em Deus. Se acreditassem, não precisariam fazer tanta força para que outros acreditassem... São pessoas que têm mais medo do que amor. Eu rejeito este tipo de religiosidade com todas as minhas forças...

N. A.: Eu queria voltar um pouco ao início desta conversa, aos seus livros *Educação como prática da liberdade*, *Pedagogia do oprimido*, *A importância do ato de ler*...
Libertar-se do que? Quem é o opressor? Libertar-se de uma situação econômica, social, cultural... ou mudar todo um sistema político... Como podemos entender isso?

Paulo Freire: É tudo isso que você disse e mais um pouco. É preciso deixar claro que o processo de libertação é um processo permanente. Com isto, eu quero dizer que nós, homens e mulheres, somos muito mais "projetos", "processos", do que coisas terminadas. Por isso afirmo que "ninguém é", "todos estamos sendo". Mas estamos sendo em uma realidade que também está sendo, uma realidade que muda constantemente. Nós, homens, nos construímos nas contradições da realidade histórica. Nossas ideias são forjadas, constituídas na prática material, social, histórica e cultural da sociedade. Isto não significa que, porque o meu pensamento é influenciado pela realidade, não possa transformar esta realidade que condiciona a minha forma de pensar.

N. A.: E quais são os limites e instrumentos para essa transformação?

Paulo Freire: Em primeiro lugar, essa transformação não é tarefa de uma pessoa nem de alguns "iluminados". É uma tarefa social, uma tarefa de grupos, de classes, que se organizam em solidariedade, que se capacitam ao mesmo tempo que se envolvem em um processo de transformação política.

Acredito que este é um problema ético, porque todo problema político é um problema ético. Se você me perguntar por que eu me comprometo assim, tão radicalmente, desde a minha juventude até hoje, neste processo de transformação, eu responderia: "Por acaso eu seria feliz sabendo que todos os dias milhares de crianças morrem de fome no meu país? Será que isto não é uma profunda falta de ética? Onde está a moralidade desta sociedade?"

Eu acho uma bobagem que a Igreja tente proibir as pessoas de assistir a determinado filme em uma sociedade onde todos os dias milhares de crianças morrem de fome... é preciso fazer uma crítica a este governo, lutar para destruir estas estruturas. É uma vergonha para todos nós dormir em paz em uma sociedade na qual crianças, jovens e adultos morrem de fome. No Brasil, existem 8 milhões ou 9 milhões de crianças em idade escolar que não têm escola... milhões de adultos sem saber ler nem escrever a palavra... Isto é falta de ética! Então eu diria que meu primeiro impulso é de natureza ética.

Para mim, não serve acreditar em uma transcendência e ficar de braços cruzados esperando que a transcendência transforme o Brasil... Ela não virá... A transformação social do Brasil é tarefa dos brasileiros e das brasileiras... Até agora, Deus não fez reforma agrária em nenhum país: são as mulheres e os homens os que devem fazê-la.

N. A.: Professor Paulo Freire, lamentavelmente acabou o nosso tempo. Parabéns ao CIDC por seus 15 anos e também pelo convite que fez a esta personalidade com a qual tivemos a honra de conversar para concordar, discordar, para educar-nos...

PAULO FREIRE: E para educar-me...

Sobre educação, televisão e mudança social: Entrevista a Sonia Breccia*

Sonia Breccia: Boa noite. Estou muito contente em anunciar que esta noite e durante todo o programa vamos compartilhar a experiência de um homem que é hoje uma "lenda viva", tanto para aqueles que compartilham as suas ideias, quanto para os que delas discordam.

Ele nasceu há 67 anos na cidade do Recife, esse lugar já mítico do Brasil por sua pobreza, sua miséria, seus desafios para o presente e para o futuro. Durante estes 67 anos participou da história da educação brasileira, mas projetou-a em direção ao futuro com livros como *Pedagogia do oprimido* e *Educação como prática da liberdade*, que foram traduzidos em tantos idiomas...

É professor em São Paulo e também Secretário da Educação desta cidade. Chama-se Paulo Freire e é com ele que teremos uma entrevista que é para os nossos telespectadores concordarem ou discordarem de sua visão de homem, de sua compreensão da educação como prática da liberdade. Queremos fazer uma reflexão sobre a televisão que diz respeito a você, como telespectador e cidadão, e que diz respeito a nós, que trabalhamos e fazemos este veículo.

Começamos, assim, nosso encontro com Paulo Freire...

PAULO FREIRE: Eu nasci realmente em uma região que é uma das mais problemáticas do mundo. Recife é uma cidade que vive uma tragicidade que é verdadeiramente trágica, com uma imensa população marginalizada que vive de "restos".

---

* Entrevista realizada no dia 22 de junho de 1989, no Canal 5, do Uruguai, para o programa de televisão *Hoy por Hoy*.

É lamentável assistir a uma "exótica" notícia na qual homens, mulheres e crianças procuram restos para comer em certas áreas da cidade onde o lixo é jogado... Se um de nós fizesse isto certamente morreria em dez minutos porque nosso corpo não tem imunidade para tanto: a imunidade do corpo é, sobretudo, a imunidade da classe social a qual o corpo pertence. Eu estou absolutamente convencido disto.

S.B.: Quanto mais pobre se é, mais imunidade se tem?

PAULO FREIRE: O corpo tem certo tipo de imunidade por necessidade de preservação. Existe certa sabedoria na natureza. A questão da fome é muito discutida, muito debatida e muito pesquisada no Brasil: a relação entre a fome, a má-nutrição e o aprendizado. E já houve quem dissesse que a fome provoca uma deterioração da capacidade cognitiva da criança, mas isto não é verdade.

Naturalmente que a má-nutrição prejudica o processo de aprendizagem, mas não provoca outra natureza na criança. Isto é muito interessante: há dez dias, uma professora brasileira especialista falava em Campinas sobre como organismos totalmente submetidos a este tipo de restrição se defendem, ou seja, o corpo é menor, mais baixo e a partir disto defende-se da desnutrição, da incapacidade cognitiva... A vida humana é misteriosa...

Voltando à sua primeira pergunta: claro que ao nascer nessa região e nessa cidade, desde muito cedo eu convivi com o desafio da miséria. Eu também passei um pouco de fome quando criança, mesmo pertencendo a uma família de classe média. Eu experimentei limitações durante a grande crise da depressão dos anos 1930. Minha família, uma família de classe média, sofreu os reflexos dessa crise e tivemos dificuldades muito grandes. Eu me referi a isso simplesmente para enfatizar algo que aconteceu comigo, mas eu não diria de maneira alguma que eu nasci predestinado... Nada disso, porque, no fim, nós nos fazemos socialmente, não nascemos "sendo". Eu tive uma situação muito interessante: por um lado, devido a minha posição de classe, eu convivia com crianças que comiam bem, que se vestiam bem, que estudavam, e do ponto de vista da necessidade da família e da fome, eu convivia com várias crianças que não comiam, que não dormiam bem, ou seja, com as crianças das "favelas".

Eu fui uma espécie de "criança conectiva", de "criança conjunção". Eu fazia a ligação entre duas classes sociais, mas, naturalmente, sem compreender esta questão. Mas o fato de eu sair de uma casa onde se comia muito bem e entrar em uma casa na favela onde nem sequer se comia fazia com que eu me perguntasse o porquê disso. Eu não tinha uma resposta, mas estava convencido de que havia muitas coisas erradas no meu país e a rebeldia me ensinou isso.

Eu diria que hoje em dia, refletindo de maneira adulta, a questão ética sempre me afetou e continua a me comover muito. Preste atenção que eu disse a questão ética e não o puritanismo, não o moralismo, porque eu tenho horror ao moralismo, mas acho que é inviável uma vida sem ética. A questão ética sempre me estimulou e eu me perguntava muitas vezes se era possível que tanta gente dormisse bem, vivesse bem, com tanta miséria em volta. Desde criança eu me perguntava essas coisas, me educava, prenunciava o homem que, muitos anos depois, escreveria a *Pedagogia do oprimido*...

Então, ainda que eu não afirme que sou e fui absolutamente determinado pelas estruturas sociais, culturais, econômicas e ideológicas da minha trágica região nordestina, eu diria que provavelmente, se tivesse nascido em São Paulo, não teria escrito a *Pedagogia do oprimido*, a não ser que eu tivesse nascido recentemente, porque São Paulo também vive hoje uma situação dramática.

S.B.: Quando alguém pensa nestas coisas que o senhor diz, quando pensa nessa gente que come ou que comia restos e ao mesmo tempo pensa nessas favelas, para fazer uma referência à sua realidade e onde nascem crianças sem cérebro, poderíamos perguntar: o que mudou nestes anos? Quantos milhões de despossuídos existem no seu país, quantos milhões de analfabetos?

Paulo Freire: Lamentavelmente, hoje em dia está crescendo o número de analfabetos. Se eu não estou errado, acho que aproximadamente 17% da população brasileira de adolescentes e adultos é analfabeta. Existe algo que também pode explicar isto. Em primeiro lugar, nós temos no Brasil 8 milhões de crianças em idade escolar fora das escolas numa população total de 150 milhões de habitantes.

São 8 milhões de meninos e meninas que deveriam estar estudando e não estão: o Estado não lhes dá escola. Obviamente que as estatísticas falam de 8 milhões, mas não dizem onde encontraram esta cifra; certamente essas crianças não são as que nasceram em famílias felizes, mas sim crianças das classes trabalhadoras que estão "proibidas" de ir à escola.

Infelizmente não tenho os números agora, mas existem milhares de crianças populares, filhos de trabalhadores, sobretudo nos grandes centros urbanos onde a classe trabalhadora se organiza e luta, que estudam em escolas públicas. E o que acontece? Entre o primeiro e o segundo ano, a escola pública reprova milhares delas, das crianças populares, que não aprenderam a ler e a escrever. Entretanto, as crianças que aprenderam de alguma forma a ler e a escrever e conseguem passar para o quarto, quinto ano, quando chegam ao quinto ano começam a ser reprovadas em Geografia, Matemática e História.

O resultado é que hoje, no Brasil, se você acompanhar uma geração que se matricula na primeira série do ensino fundamental, você constatará que apenas uma pequena parte dela completará o curso dentro dos oito anos regulamentares porque a maior parte da que entrou é expulsa da escola.

É triste ver como os especialistas chamam este fato: dizem "evasão escolar", como se as crianças tivessem dito: "vamos sair da escola..." As crianças não se evadem, elas são expulsas da escola e esta expulsão aumenta a cada ano o número de adolescentes e adultos analfabetos.

Desta forma, em um país como o Brasil, é preciso haver uma decisão política (porque esta é uma questão política e não pedagógica) para enfrentar o analfabetismo dos adultos e dos adolescentes e superar definitivamente esses obstáculos que as crianças têm pela frente em seus anos na escola.

Eu posso falar sobre isso com total segurança, porque desde janeiro sou Secretário da Educação dessa enorme cidade que é São Paulo, e estamos lutando para "mudar a cara da escola" em São Paulo, para fazer uma escola diferente, uma escola feliz.

S.B.: Gostaria agora de perguntar como isto pode ser feito e também tratar de outro tema que acho que é uma das chagas do Brasil. Não pense que eu estou me intrometendo nessa realidade: para nós, é preocupante, doloroso, como se fosse nosso, o problema dessas crianças de rua e sua carga de violência...

Paulo Freire: Antes de falar no enorme esforço que uma grande equipe de gente competente está fazendo para ver se "mudamos a cara da escola", gostaria de dizer algumas palavras sobre uma pergunta que você *fez* antes, quando comparou a minha infância aos dias de hoje e com razão disse: "Paulo Freire não mudou nada..."

S.B.: Não sei se mudou, mas a sensação que passa é: mudou? O Brasil mudou?

Paulo Freire: Eu acho que você tem razão ao dizer isto... Existe um primeiro momento de explosão e de raiva que é válido e necessário e no qual nos perguntamos: mas nada mudou? Eu diria que mudou muito... Não o governo em si, não a decisão das classes que comandam, que dominam; para mim, o que está mudando no Brasil, e às vezes com uma rapidez enorme, é a decisão que as classes populares estão tendo. Provavelmente ainda estão longe do ideal, mas não é por acaso que um partido como o PT chegou em dez anos ao governo de 36 cidades, incluindo São Paulo, que tem 12 milhões de habitantes.

Se ainda vai levar muito tempo eu não sei, e aqui eu não falo como militante do meu partido: falo como homem que procura pensar e compreender a realidade. A história social brasileira está mudando, às vezes com grande rapidez, às vezes também deixando-nos um pouco pessimistas. Existem momentos nos quais os fatos são tão horríveis que fazem com que nos perguntemos: será que mudou? Está mudando e eu espero que esta mudança se radicalize e caminhe no sentido de uma transformação mais substantiva e profunda.

Estamos realmente empenhados e comprometidos em refazer uma escola pública que durante todo o regime militar foi voluntariamente deteriorada pela ideologia militar que queria estragar as coisas públicas para privilegiar em sua política o essencialmente privado.

Hoje em dia temos que fazer... Ou melhor, o que temos que fazer hoje não é descartar as escolas privadas, mas sim resgatar a dignidade da escola pública. Na medida em que a escola pública voltar a ser o que era, as privadas permanecerão ou não; esta questão não me preocupa agora. O que, sim, me preocupa é transformar a escola pública em algo que ela deveria ser: uma escola séria, uma escola digna, uma escola na qual se ensine e se aprenda. Uma escola que, sendo democrática não seja democratista, que tendo autoridade não seja autoritária, que defendendo a liberdade não aceite a licenciosidade... Uma escola que construa, que possibilite às crianças criar e serem felizes dentro dela.

Isto não é fácil, é muito difícil. Nos primeiros seis meses de luta estamos constando, enquanto secretário da Rede Municipal de Educação da cidade de São Paulo, o quanto é difícil transformar tudo isto. A própria dificuldade nos desafia, assim como a compreensão dessa dificuldade por um grande número de pessoas. Para que você e os telespectadores possam ter uma ideia, depois que comecei como secretário, consegui uma contribuição – até hoje – de oitenta professores universitários da Universidade Estadual de Campinas (Unicamp), da Universidade de São Paulo (USP) e da Pontifícia Universidade Católica de São Paulo (PUC-SP). São físicos, matemáticos, biólogos, sociólogos, filósofos, arte-educadores. Temos oitenta especialistas que trabalham conosco analisando hipóteses de mudança do currículo da escola.

É uma coisa linda, é um desafio que dá sentido à minha vida e que faz com que eu queira falar de maneira apaixonada sobre o que eu faço. Você também comentou sobre as crianças de rua. Eu tenho alegria e um pouco de tristeza também... Esta coisa misteriosa entre alegria e tristeza, de ter um filho que é sociólogo e que é hoje, em São Paulo, um educador de rua (ele trabalha com crianças de rua). É uma coisa dramática e mais séria do que se imagina. Às vezes, as pessoas que estão um pouco distantes do fenômeno pensam que a solução seria colocar todas essas crianças dentro de um reformatório, mas isso é um absurdo, porque as crianças também vivem uma experiência muito rica nas ruas.

A questão está em que temos que transformar não a cabeça das crianças, mas sim as estruturas da sociedade. O que está errado não é a criança que fica na rua, mas a sociedade que possibilita que essa criança vá para a rua e é isso que ninguém quer ver. Querem falar contra a violência, contra o que fazem as crianças que roubam a sua carteira, que roubam as suas joias... eu não estou defendendo isto, mas estou dizendo que estas coisas existem porque há uma razão fundamental para que elas existam. Então, ao mesmo tempo que você, como educador, tem que dar alguma resposta a um fato como este, você tem que lutar politicamente para transformar as estruturas da sociedade que explicam este fenômeno.

S.B.: Eu proponho que na próxima parte do nosso encontro analisássemos como se daria esta transformação, mas da ótica deste lugar e deste meio que é a televisão. O senhor sabe que no nosso país as novelas brasileiras fazem muito sucesso... Sabemos que no Brasil as novelas chegaram a paralisar o país, a parar a nação, que as pessoas, por exemplo, mudavam o horário de trabalho; homens e mulheres... É assim ou não?

PAULO FREIRE: É assim...

S.B.: Nesta última parte do nosso encontro com o pedagogo brasileiro Paulo Freire, o tema é a televisão. Entendo que quando o senhor estava falando justamente das mudanças necessárias, não seria uma armadilha falar deste instrumento tão criticado, tão amado e tão temido...?

Como a televisão é utilizada no seu país e como o senhor pensa que ela poderia ser utilizada? O senhor gosta de televisão?

Então, surge a pergunta: este instrumento, a televisão, tem ou não um papel nesta mudança?

PAULO FREIRE: Em primeiro lugar, eu começaria tentando responder a sua pergunta, que me parece ser muito boa e importante, dizendo que eu procuro ser um homem e um educador do meu tempo. Eu confesso que não posso compreender como um educador deste tempo pode negar a televisão, negar o vídeo, negar a computação, negar o rádio, que, apesar de estar mais distante, continua, para mim, tendo uma importância fantástica de comunicação. Eu acredito que a televisão não acabou com o rádio de maneira nenhuma... É um outro discurso, um outro caminho para se comunicar, provavelmente mais humano que tecnológico, enquanto o caminho da televisão é mais tecnológico que humano... o que não significa que também não seja humano e que não possa ser ainda mais...

Para terminar a minha introdução, eu digo que adoraria trabalhar na televisão; provavelmente teria que aprender muito, porque não sei quase nada sobre isso, mas adoraria trabalhar na televisão. Eu acredito que este mundo de ilusão é fascinante, mas se existe um mundo de ilusão que é profundamente real é este...

S.B.: Como é isso?

Paulo Freire: Você pode ter um fundo como este, que dá a impressão de que é um bosque e isto é simplesmente uma sugestão de bosque, e corresponde ao telespectador recriar e brincar com a imaginação. No fundo, através do imaginário, vocês tocam o real... Existe uma relação enorme entre o imaginário e o real, o concreto...

Entretanto, para este trabalho na televisão, é preciso saber que não existe uma televisão neutra. Um meio de comunicação como este não pode deixar de ser eminentemente político e ideológico; o que pode acontecer é que quem trabalha na televisão, por exemplo, o jovem que opera a câmera, sabe a importância que ele tem com a câmera e poucas pessoas podem saber isso em suas casas... Porque ele e os que trabalham a imagem que ele manda para os telespectadores e telespectadoras podem selecionar a imagem que preferir, por exemplo, as minhas mãos assim... Isto tem certo significado, certo impacto, ou talvez não tenha... Então, um homem como ele pode tirar de mim, enquanto falo, uma outra possibilidade de me comunicar. Se ele não estiver de acordo com minhas posições ideológicas e políticas, se eu me distrair e me colocar em uma posição que pode me levar ao ridículo, ele pode fazer um "close" do meu eventual ridículo. Ele pode fazer o que quiser comigo... também pode fazer coisas formidáveis que ajudem a me comunicar... Além disso, o dono da televisão tem uma opção política e ideológica e não irá trabalhar contra a sua opção política porque gosta dos meus olhos ou da minha barba. Provavelmente se eu trabalhasse em Montevidéu permanentemente não teria quatro programas como este. Não por sua causa, mas por causa das forças político-ideológicas que estão por trás da televisão, por trás das câmeras. Isto tem que ser dito para que o povo saiba que não existe nenhuma inocência nesta atividade, mas o que me parece fundamental é que isto não é suficiente para que eu me recuse a dar uma entrevista... e a não gostar de televisão.

S.B.: Eu acompanhei o seu raciocínio, e existem dois pontos que me parecem importantes. O senhor confia tanto na importância do meio, na inteligência das pessoas e na sua própria capacidade de transmitir para saber que, inclusive agora (falamos sobre hipóteses), por cima de interesses particulares (lembre-se que estamos em uma TV estatal), por cima desta câmera, que, como o senhor bem disse, pode servir a estes interesses, por cima do entrevistador que eventualmente possa servir a estes interesses, existe um entrevistado e uma inteligência popular que podem ultrapassar isso.

PAULO FREIRE: Eu acredito que existe, eu aposto nisso, como educador e como político. Isto faz parte do meu tempo, não posso negá-lo, mas, pelo contrário, eu tenho que aprender a ser melhor no meu tempo e não será possível ser melhor ou mais eficiente no meu tempo se eu negar a televisão.

Meu sonho é, por exemplo, que chegue o momento de uma sociedade de tal maneira transformada e humanizada na qual talvez se diga que isto é uma utopia, e eu diga: "Sim, é uma utopia..." Mas pobres dos homens e das mulheres que não sonham... E meu sonho é que um dia a televisão trate o povo com decência... Você sabe que me irritam profundamente as pessoas que fazem de maneira "científica", neutra, que trabalham na organização dos noticiários. Às vezes parece que não sabem o que estão fazendo. Juntam um monte de notícias do mundo inteiro e as "pulverizam". Ou seja, às vezes escutamos ao mesmo tempo a notícia sobre uma fulana de um determinado país que ganhou um concurso de beleza, depois uma notícia sobre a China... saem da China e falam sobre uma inundação... O que acontece é que milhões de telespectadores que veem as notícias não têm tempo de olhar criticamente para compreender pelo menos uma delas, porque passam de um tema para outro com tal pressa que ninguém consegue compreendê-los. Isto não é por coincidência nem por incompetência de quem faz as notícias. Isto é sabedoria ideológica e política da classe dominante e isto acontece no mundo inteiro, não só no Brasil...

B. B.: Repare, senhor Freire, como isto nos leva ao próximo presidente do seu país... e não sabemos quem será. Quando estive no Brasil no mês de fevereiro, Brizola encabeçava as pesquisas, ou seja, o processo ainda estava começando, a campanha ainda não tinha começado, mas ele tinha 18% das preferências e em seguida e muito perto vinha Lula.
  Nesse momento, havia um nome que não se conhecia e de quem há dois meses começamos a ouvir falar: Fernando Collor de Mello, um jovem de 40 anos que foi governador de Alagoas, que renunciou ao governo e agora está com 42%, enquanto Brizola tem 11 % e Lula, 8 %.
  Tudo isto pode mudar, mas perceba que estou levando esta argumentação ao seu terreno. A família de Collor de Mello é muito poderosa, muito rica e, além disso, dona de muitos canais de televisão, e uma das coisas que os comentaristas internacionais observaram no seu país é o extraordinário domínio de Collor sobre a comunicação...

PAULO FREIRE: Claro, eu concordo com você, mas para mim existe um ponto que é mais profundo, mas que não diminui em nada a sua observação sobre isso e é o seguinte: Collor está fazendo uma campanha moralista no Brasil, já que, há alguns anos (sobretudo depois dos governos militares, ainda que antes também), o país passa por uma experiência interessante, mas muito trágica que é a que eu denomino "democratização da sem-vergonhice".

É algo terrível, ninguém acredita em ninguém, a palavra perdeu seu conteúdo de dignidade. Um homem público de responsabilidade diz uma coisa hoje, pela televisão, e nas suas casas os telespectadores dizem: "Amanhã vai acontecer o contrário..."

S.B.: Não existe confiança...

PAULO FREIRE: Não...! Não existe. E em um país que vive isto, escuta a promessa de Collor de acabar com isso e com aquilo... quer acreditar... depois não acredita nele... Bem, eu não tenho nenhum direito de dizer que Collor fala uma mentira, o que eu quero dizer é que as massas populares brasileiras, vivendo esta contradição, hoje exigem que se tenha vergonha, certa ética necessária sem a qual não se faz política. É uma demanda aos seus políticos, aos seus líderes. Agora, o que ele diz, bem difundido por um meio como este, a televisão, explica, no meu entender, a posição de Collor. Minha impressão – e agora é a impressão de um partidário de Lula, porque eu sou um homem do Partido dos Trabalhadores, minha convicção é que este quadro pode mudar, deve mudar, mas para que mude é preciso trabalhar muito junto ao povo e é preciso inventar novos caminhos de comunicação com as massas populares... Este é um meio extraordinário... A televisão é extraordinário meio de comunicação, mas é preciso que ensinemos, que aprendamos a vê-la com criticidade.

Eu confesso que o que me espanta às vezes é encontrar pedagogos, cientistas que têm medo da televisão, às vezes até repúdio. Não há como compreender isto, porque eu seria ingênuo se pensasse que a televisão é um instrumento neutro, absolutamente "bem-comportado"... Eu sei que não é assim, mas não se pode perder a oportunidade de tê-la com um meio de comunicação a serviço da humanização.

S.B.: Para terminar, permita-me, Freire... eu estou pedindo ao senhor, como professor, este poder de síntese: fechando isto que o senhor acaba de dizer, gostaria de perguntar sobre o poder deste meio de comunicação do qual o senhor nos deu uma visão com a qual se pode concordar ou discordar, mas que é preciso levar em consideração: o senhor pensa que este poder é todo-poderoso, de tal maneira que faz os homens menos livres e nos "vendem" o candidato ou a fórmula que querem?

PAULO FREIRE: Não, também não é assim... Eu acredito que é um poder inegável, indiscutível, mas não tão potente como se pensava. Inclusive existem pesquisas nos Estados Unidos mostrando que certa ênfase nos comerciais leva o povo a uma posição oposta.

Agora, para mim, é impossível negar a importância deste meio de comunicação. Pelo contrário: para mim, o fundamental é lutar politicamente para que este meio seja mais ético, que esteja mais a serviço dos explorados, dos dominados, e para isto temos que mudar a própria sociedade e, ao mudar a sociedade, a questão ética e política que se propõe é não perpetuar neste meio de comunicação o gosto pela preservação, pelo *status quo*. Ou seja, em uma sociedade diferente, colocar este meio a serviço de torná-lo diferente: mais vivo e mais criativo.

S.B.: Paulo Freire, eu agradeço a sua presença no *Hoy por Hoy* nesta sua passagem por Montevidéu...

PAULO FREIRE: Obrigado a você e ao seu canal de televisão pelo convite. Eu estou muito contente porque é a primeira vez que eu venho a Montevidéu e só hoje participei de duas entrevistas que me encantaram: uma, pela manhã, na Rádio Sarandi, e a outra contigo, agora à tarde. Muito obrigado...

S.B.: Para o senhor, para todos... *Hoy por Hoy...* Estamos terminando nossa conversa. Certamente vocês confirmaram os conceitos que tratamos no início: que é polêmico, discutível, muito querido por uns, muito combatido por outros, sempre essencial...

Deste modo, terminamos nosso encontro de hoje.

Este livro foi composto na tipografia Dante MT Std, em corpo 12/15, e impresso em papel off-white no Sistema Cameron da Divisão Gráfica da Distribuidora Record.